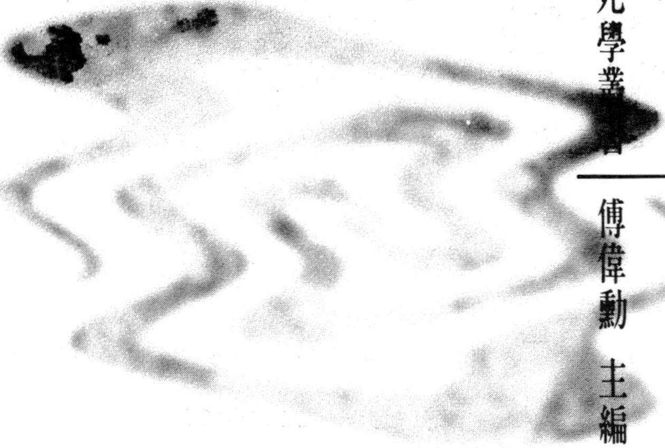

生死學叢書
傅偉勳 主編

看待死亡的心與佛教

田代俊孝 編／郭敏俊 譯

東大圖書公司

國家圖書館出版品預行編目資料

看待死亡的心與佛教／田代俊孝編，
郭敏俊譯. --初版. --臺北市：東大
發行：三民總經銷，民86
面；　公分. --(生死學叢書)
ISBN 957-19-2117-3（平裝）

1. 死亡　2. 人生觀（佛教）

220.138　　86006604

國際網路位址　http://sanmin.com.tw

ⓒ 看待死亡的心與佛教

編者　田代俊孝
譯者　郭敏俊
發行人　劉仲文
著作財產權人　東大圖書股份有限公司
　臺北市復興北路三八六號
發行所　東大圖書股份有限公司
　地址／臺北市復興北路三八六號
　電話／五〇〇六六〇〇
　郵撥／〇一〇七一七五──〇號
印刷所　東大圖書股份有限公司
總經銷　三民書局股份有限公司
門市部　復北店／臺北市復興北路三八六號
　重南店／臺北市重慶南路一段六十一號
初版　中華民國八十六年七月
編號　E 19026
基本定價　叄元貳角
行政院新聞局登記證局版臺業字第〇一九七號

ISBN 957-19-2117-3（平裝）

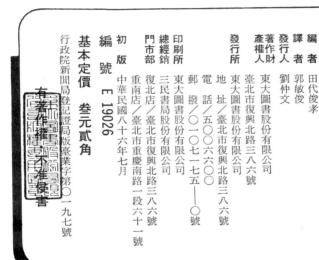

「生死學叢書」總序

兩年多前我根據剛患淋巴腺癌而險過生死大關的親身體驗，以及在敝校（美國費城州立天普大學宗教學系所講授死亡教育(death education)課程的十年教學經驗，出版了《死亡的尊嚴與生命的尊嚴——從臨終精神醫學到現代生死學》一書，經由老友楊國樞教授等名流學者的強力推介，與臺北各大報章雜誌的大事報導，無形中成為推動我國死亡學(thanatology)或生死學(life-and-death studies)探索暨死亡教育運動的催化「經典之作」（引報章語），榮獲《聯合報》「讀書人」該年度非文學類最佳書獎，而我自己也獲得「死亡學大師」（《中國時報》），「生死學大師」（《金石堂月報》）之類的奇妙頭銜，令我受寵若驚。

拙著所引起的讀者興趣與社會關注，似乎象徵著，我國已從高度的經濟發展與物質生活的片面提高，轉進開創（超世俗的）精神文化的準備階段，而國人似乎也開始悟覺到，涉及死亡問題或生死問題的高度精神性甚至宗教性探索的重大生命意義。這未嘗不是令人感到可喜可賀的社會文化嶄新趨勢。

配合此一趨勢，由具有基督教背景的馬偕醫院以及安寧照顧基金會所帶頭的安寧照顧運動，有了較有規模的進一步發展，而具有佛教背景的慈濟醫院與國泰醫院也隨後開始鼓動臨終關懷的重視關注。我自己也前後應邀，在馬偕醫院、雙蓮教會、慈濟醫院、國泰集團籌備的臨終關懷基金會第一屆募款大會、臺大醫學院、成功大學醫學院等處，環繞著醫療體制暨醫學教育改革課題，作了多次專題主講，特別強調於此世紀之交，轉化救治(cure)本位的傳統醫療觀為關懷照顧(care)本位的新時代醫療觀的迫切性。

在高等學府方面，國樞兄與余德慧教授（《張老師月刊》總編輯）也在臺大響應我對生死學探索與死亡教育的提倡，首度合開一門生死學課程。據報紙所載，選課學生極其踴躍，居然爆滿，出乎我們意料之外，與我五年前在成大文學院講堂專講死亡問題時，十分鐘內三分之一左右的聽眾中途離席的情景相比，令我感受良深。臺大生死學開課成功的盛況，也觸發了成功大學等校開設此一課程的機緣，相信在不久的將來，會與宗教（學）教育、通識教育等等，共同形成在人文社會科學課程與研究不可或缺的熱門學科。

我個人的生死學探索已跳過上述拙著較有個體死亡學(individual thanatology)偏重意味的初步階段，進入了「生死學三部曲」的思維高階段。根據我的新近著想，廣義的生死學應該包括以下三項。第一項是面對人類共同命運的死之挑戰，表現愛之關懷的（我在此刻所要強調的）「共命死亡學」（destiny-shared thanatology），探索內容極為廣泛，至少包括（涉及自殺、死刑、安樂死等等）死亡問題的法律學、倫理學探討，醫療倫理（學）、醫院體制暨醫學教育改革課題探討，（具有我國本土特色的）臨終精神醫學暨精神治療發展課題之研究，老齡化社會的福利政策及公益事業，死者遺囑的心理調節與精神安慰，「死亡美學」、「死亡文學」以及「死亡藝術」的領域開拓，（涉及腦死、植物人狀態的）「死亡」定義探討，有關死亡現象與觀念以及（有關墓葬等）死亡風俗的文化人類學、比較民俗學、比較神話學、比較宗教學、比較哲學、社會學等種種探索進路，不勝枚舉。

第二項是環繞著死後生命或死後世界奧祕探索的種種進路，至少包括神話學、宗教（學）、文學藝術、（超）心理學、科學宇宙觀、民間宗教（學）、文化人類學、比較文化學，以及哲學考察等等的進路。此類不同進路當可構成具有新世紀科際整合意味的探索理路。近二十年來愈行愈盛的歐美「新時代」(New Age)宗教運動、日本新（興）宗教運動，乃至臺灣當前的種種民間宗教活動盛況等等，都顯示著，隨著世俗界生活水準的提高改善，人類對於死後生命或死後世界（不論有否）的好奇與探索興趣有增無減，我們在下一世紀或許能夠獲致較有「突破性」的探索成果出來。

第三項是以「愛」的表現貫穿「生」與「死」的生死學探索，即從「死亡學」（狹義的生死學）轉到「生命學」，面對死的挑戰，重新肯定每一單獨實存的生命尊嚴與價值意義，而以「愛」的教育幫助每一單獨實存建立健全有益的生死觀與生死智慧。為此，現代人的生死學探索應該包括古今中外的典範人物有關生死學與生死智慧的言行研究，具有生死學深度的文學藝術作品研究，「生死美學」、「生死文學」、「生死哲學」等等的領域開拓，對於「後傳統」(post-traditional)的「宗教」本質與意義的深層探討等等。我認為，通過此類生死學的種種探索，我們應可建立適應我國本土的新世紀「心性體認本位」生死觀與生死智慧出來，有待我們大家共同探索，彼此分享。

依照上面所列三大項現代生死學的探索，這套叢書將以引介歐美日等先進國家有關死亡學或生死學的有益書籍為主，亦可收入本國學者較有份量的有關著作。本來已有兩三家出版商請我籌劃生死學叢書，但我再三考慮之後，主動向東大圖書公司董事長劉振強先生提出我的企劃。振強兄是多年來的出版界好友，深信我的叢書企劃有益於我國精神文化的創新發展，就立即很慷慨地點頭同意，對此我衷心表示敬意。

我已決定正式加入行將開辦的佛光大學人文社會科學學院教授陣容。籌備校長龔鵬程教授屢次促我企劃，可以算是世界第一所的生死學研究所(Institute of Life-and-Death Studies)之設立。希望生死學研究所及其有關的未來學術書刊出版，與我主編的此套生死學叢書兩相配合，推動我國此岸本土以及海峽彼岸開創新世紀生死學的探索理路出來。

一九九五年九月二十四日傅偉勳序於

中央研究院文哲所（研究講座訪問期間）

「生死學叢書」出版說明

本叢書由傅偉勳教授於民國八十四年九月為本公司策劃，旨在譯介歐美日等國有關生死學的重要著作，以為國內研究之參考。傅教授從百餘種相關著作中，精挑二十餘種，內容涵蓋生死學各個層面，期望能提供最完整的生死學研究之參考。傅教授一生熱心學術，對推動國內的生死學研究風氣，更是不遺餘力，貢獻良多。不幸他竟於民國八十五年十月十五日遽爾謝世，未能親見本叢書之全部完成。茲值本書出版之際，謹在此表達我們對他無限的景仰與懷念。

東大圖書公司編輯部　謹啟

序

田代俊孝

我們都忌諱死亡，根本不會去想它。可是，思索死亡也就是對生命的思考。唯有當人們正視死亡的時候，才是生命真正的開始。正視死亡之際，才能發現生命的尊貴、生存的意義。更不可思議的，對自己活到此刻的人生，也能開始重新認識。正如本書多數作者所言：「死為生之母。」

愈是親近的人去世的話，愈會感到像是自己的死亡一樣。遇到身邊親人亡故的時候，就會以其死亡作為開始思考死亡的起點。所謂喪禮，原來就是一種提供思索人生的場所。所以，喪禮也可說是死者的最後禮物。

此處，本書收錄的作品，都是在「探討生死問題研究會」的研究例會中所發表的講稿。大家藉著對死亡的探索，獲致了一個結論，那就是只有生才是對應死的唯一方法。我們願意把我們研討的結果分享給許多人，因此以這樣的形式出版了本書。第一集《死而後生》、第二集《從癌症體驗的人生觀》，以及第一屆研討會的記錄《凝視生命之三人證言》，也都是以同樣的出發點出版的。如能一併閱讀，則感幸甚。

一九八八年七月研究會成立以來，除了例會之外，尚有研討會、分科會、臨終諮詢員的訓練講座，以及「老病談心室」等種種活動，都獲得市民大眾的熱情支持。在此表示感謝之餘，今後當更加擴展活動，以為回報。是為序。

一九九一年　六月

看待死亡的心與佛教

目次

死而後生的探索

正視死亡更能充實生命。

為了充實自我的人生，也為了能與面臨死亡的人心靈共鳴，共同超越死亡的痛苦，我們實應認真探索死亡，並進而了解生命的真諦。

探討生死問題研究會（毘訶羅研究會）

I

看待死亡

1 無量壽

——罹患癌症的女兒回歸的世界

和田耕正

女兒之病

我是剛才田代先生所介紹的和田。

我的三女兒嫁到高山速入寺去（譯注：日本的佛寺大部分是父子相承，一般出家人可以蓄妻食肉），是二十年前的事了。我這個女兒得了腎臟癌，然後擴散到肝臟，最後擴散到肺臟，走上了癌症的不歸路。經過一年十一個月後，於去年十二月十六日，留下三位小孩而過世了。我的女兒，在生前接受了癌症這種致命性的病症，其間，她進入了信仰的世界。在這裡，我想藉她自己在歷經一年十一個月的奮鬥裡，以《給百分滿分的孩子們》為題所遺留下來的文章為中心，向大家作報告。我要向各位報告的，並不是站在死亡的深奧立場，對冷酷的事實作理論說明。因此，我只想以我女兒遺留下來的文章為中心，向各位報告，所謂無量壽的世界究竟是怎樣的世界？以及所謂超越死亡是怎麼一回事。

在這裡請大家諒解一下，我患有肝硬化，另外十年前我受到輕微的腦血栓影響，左半身麻痺，說話速度也不快，因此，念經只能慢慢唸。當和尚的人，受到說話能力的限制，實在是件相當辛苦的事。所以，你們聽我說話，會覺得很累，這點請見諒！

再言歸正傳，我女兒前年四月在高山的一家醫院，做了左腎癌的摘除手術。為什麼會得到這樣的病，實在不知道原因何在。三年前的十一月，她在參加速入寺報恩法會時，曾經冒出一句話：「身體是多麼偉大呀！」現在回想起來，或許那個時候，她就已經罹患腎臟癌了。我告訴她：

「這樣不行，趕緊去看醫生！」

「看過醫生了，可是……」她這麼回答。

醫生當然不會明白透露消息的。

高山這個地方，被稱為「日本的心靈故鄉」，特別是宗教活動，具有長久的歷史傳統。我女兒所嫁的速入寺，在迎接新年來臨的行事上，都是依照幾百年傳下來的慣例進行。昭和六十二年（一九八七）十二月二十九日，在準備迎接新年事宜的當天夜晚，據說是創下紀錄的零下十度的嚴寒，她正在進行「割鏡儀式」。就在切割的時候，突然感到下腹部一陣劇痛。

儀式終了後馬上到廁所去，那時已經發生大量出血了。

在寫給孩子的文章裡，她記述了當時發病的狀況：

「家人聚在一起的割鏡儀式終了後，進到廁所中的媽媽，蹲在那邊不能站起來。並不只是因為突然侵襲下腹部的劇痛而已，目睹染成一片血紅的便器，只覺得全身力量都已虛脫。對於醫學一竅不通的媽媽，只知道自己的身體裡面發生了極為嚴重的事情。白天的疲勞、身體發燒的倦怠等一連串自己能覺察的症狀，在眼前的大量出血與下腹部激痛的情況下，才清楚地意識到這是一個相當嚴重的症狀。我一面擦拭著溢出眼眶的眼淚，不覺之間，一面失聲嗚咽起來。在哭泣中的媽媽，毫無意識地在心中叫了好幾十遍：『素耀，對不起！素行，對不起！由紀乃，對不起！素淨，對不起！……。』就在落淚的當兒，驀然，一個明確的念頭閃入了媽媽的心頭：『這個眼前的事實，既不是夢也不是幻，是千真萬確的，決不能逃避，必須面對它，應付它……。』當天晚上，我把這件事情告訴爸爸，隔天初一一大早，就趕緊上醫院去了。因為這是緊急的病症，不能再拖延了。

昭和六十三年一月，我在高山紅十字醫院泌尿科，從月初到中旬，做了種種的檢查。結果，發現左腎臟因腫瘤而腫大變形，必須儘早開刀。」

——這就是當時發病的狀態。或許正如我剛聽到時一樣，這突然發作的病症，對她來說也是一個極大的震撼吧。

接著，一月二十五日住院，二十八日手術。原本，主治醫師預計開刀可能需要三小時三十分鐘，意外地花了更多的時間，結果共用了四小時又四十分。從手術房推出來時，整個人已是精疲力竭的狀態，醫師說：「這是注射以及打麻醉藥的關係，不用耽心！」

不久，聽到有人說主治醫師來了。只見醫師手中拿著腰型盆走過來。盆子上面擺著一顆剛剛摘除下來的腎臟，我想那大概就是惠子的腎臟，醫師還戴著塑膠手套，他說：「這是惠子女士的腎臟。」——看著它，我心裡想：那個腎臟還是個漂亮的腎臟嘛……。接著馬上用解剖刀割開了。一看之下，連我這個十足的門外漢，都感到十分淒慘——像是腐爛掉的螃蟹醬一樣的腎臟！之後，醫師也巧妙地避開了「癌」這個字，但是我聽到他說「轉移到其他……」話中的「轉移」這個字眼時，就直覺到是癌，同時，也知道已經轉移到肝臟的這個事實。醫師說：「詳細的檢查結果，十天後才能知道，請十天後再來。」就這樣，我獨自回去，妻子就留在醫院照顧女兒。

十天一到，我就去到高山，因為跟醫師約定的時刻未到，尚有一些時間，於是我先到惠子的病房。已經過了十天，她的精神很好，什麼都吃得下，也能到處走動。當時，她一看到我就對我說：

「爸爸，今天檢查報告會出來吧？」

「咦！妳怎麼知道？」

「知道啊！早上巡房時，醫師說過了。」

「嗯，會出來的。」

當我這麼一說，突然她說：

「我也要一起去聽。」

我有點猶豫，不知該怎麼回答。但是，她要求著：

「對我自己所生的病，我應該是第一個知道的人，好不好？」

「是不錯啊……」我支吾著：「等一下！我先上廁所去！」藉著這個理由離開她。我立刻走向主治醫師的辦公室去。

「大夫！對於這次的檢查結果，您會說出是癌症嗎？」

「嗯——，實際上，我也感到十分為難。早上巡房時，惠子向我問：『報告什麼時候出來？』我只好回答她：『今天下午兩點。』結果她要求說：『那麼，我也要一起去聽聽看。』」

醫師也感到很為難。我就對醫師說：

「大夫！再怎麼難以啟口，也務必把真相說出來。我女兒十分敏感，現在不講出來，以後她還是會知道的。而且，她也很信任大夫，我認為從她信任的大夫口中直接講出病名，是最好的方法。要是耽心以後會怎樣，我這個做父親的，一定負起責任！」

說完之後，還向他拜託。但是，醫師卻……。

向病人告知癌症這件事，對醫師而言，似乎是一種禁忌。當然，在尚未能徹底有效治療癌症的今天，宣告事實，由於涉及責任問題，醫師難免會顯得猶豫，也不是沒有道理。

回到病房，我只說：「我們去吧！」於是惠子和她的丈夫、婆婆，我和妻子，以及當時不時來探視的姨媽，一起到醫師的辦公室去。在一張大桌子上，從這一端到那一端，整整齊齊地排列著惠子住院前後所有的病歷和資料。放在最後面的是完整腎臟的彩色照片，及剛才說過的切成兩半的腎臟彩色照，然後就是X光片，全部都擺列在一起。我們和惠子一起把那些捲起來，坐了下來。醫師又明快又親切，詳細的對我們解說每一份資料。最後解說完畢時，他帶著嚴肅的表情對我們說：「是癌症！」當他說出「是癌症」時，我朝著惠子的臉看過去，只見在聽了醫師的宣告之後，她全然沒有一絲怪異的表情，也看不出心情受到震撼或是害怕的樣子，只是安靜地點頭示意而已。她那點頭的姿態，反映出她已經有所覺悟的容姿，令我看了非常感動。

為什麼我會一再要求醫師明白宣告是癌症？雖然醫師一向視之為禁忌，然而，我提出「請說出真相」的要求，並不是感情用事，或是順著當時的演變而隨意提出的。我是看著惠子長大的，當然，我確信醫師的告知是不會錯的。事實上，在一月二十八日手術之前，惠子寄給我一封信。信中寫著：

「前日不能向您們拜年，實在感到十分抱歉。而且，為了我，讓您們在大年初一開始就為我耽心，我也為之過意不去。但是，這是事實，應該向您們報告，在這個年紀未能孝順父母，真是慚愧！今年六月，我也滿四十歲了，與雙親大人的七十歲人生相比，就如書上所說的與風霜人生相比，似乎太過短促，但也是十足豐盛的四十年。啊！居然能活到這麼長久！我不禁感慨無窮。

四十歲即將到來，現在正是從內心回顧自己的人生，徹底自我檢討的時候了。夢想也隨著年紀而增長，我自己真正想做的事情，就是對活到現在為止的人生作一回顧。然而，這個夢想將會如何？果真能有這些時間嗎？我一點兒也沒把握。」

惠子很少寫信給我們。直到她去世為止，在我手上也只有六、七封而已。剛才的信，不知道你們聽了是否很感動？從這封新春接到的難得的信裡，我就已有種不對勁的感覺。除了新年的問候之外，夾上這種突兀的語句在信中。特別是三次提到自己是四十歲了，不禁讓我感到，惠子的心境必有重大的變化。

手術中，妻子在旁照料。接受手術前一天夜晚，惠子把我在幾年前所寫的「無量壽」色紙，帶到醫院來。女兒看著這張色紙，對她母親說：

「媽媽！我好喜歡無量壽這句話，我就要獲得無量壽的生命，回到無量壽國去了，我一點兒也不會寂寞，您不要耽心！」

我的妻子聽了，十分訝異。第二天早上打電話告訴我這件事情，妻子也這麼說：

「聽到這句話之後，我就感到非常安心。」

妻子喜歡和歌，就把當時的心境，寫成三首和歌：

無量壽佛恩賜命　無量壽國駕歸去　病榻床前病子語

女兒有恙自安然　身體交託醫師治　悉有一心委諸佛

年僅四十值年輕　罹患病疾猶自在　虔誠深信佛法力

冬夜漫漫難入眠　病子與我心唯有　頌南無阿彌陀佛

妻子把這幾首和歌附在信裡寄給了我。和歌內容的巧拙另當別論，看了之後令人頗有同感。

就這樣子，惠子把癌——自己身體的病症，深藏在一個自我的世界裡。人們還是能夠從突發而來的意外事件當中，經歷種種的逆緣，而達到一個泰然的心境。說起惠子的人生，在她的生活往事之中，有二、三件重大的事件值得一提。

笑一笑！由紀乃

其一，惠子有三個小孩，男孩二人，女兒生在兩位男孩中間。她出生的時候，是十八年前的事了，八月誕生的，當時，妻子前往照料。惠子打電話給正在耽心的我：

「爸爸！謝謝您！是女的！媽媽給她取名『由紀乃』。」

期待的女兒終於如願出生了，那種為人母親的喜悅在電話中表露無遺。可是，這孩子快到二歲生日的時候，仍然不會說話，也沒有表情，全然沒有反應。看到這種情況才覺得奇怪，趕緊帶去小兒科診斷。醫師宣告說：「實在很抱歉，這種情況是重度的心身障礙症！」就這樣接受了診斷的結果。當時的心情，是絕望？是痛苦？還是……真的！不是惠子本人是無法瞭解的。十七年來，就這樣陪著這位重度心身障礙的女兒一起走過來。在《給百分滿分的孩子們》中，提到了她有時候也會興起與三個小孩一道去死的念頭，她的心情可以說備受痛苦煎熬。

惠子最後從這種痛苦之中站立起來，把造成痛苦根源的女兒交託給佛祖，並且約定將來於佛的世界再相聚，自己先走，這樣的悲慘記事，也寫在《給百分滿分的孩子們》之中。我想稍作一點介紹，其中有一篇，題目為〈笑一笑！由紀乃〉：

「每當想到由紀乃時，媽媽的心中經常充滿著平靜、滿足的喜悅（這當然是接受信仰的緣故）。因此，為了讓妳不會感到羞恥，一股拼命活下去的強烈意念，就從身體裡面湧了出來。好像娃娃般可愛的由紀乃，自從被宣判是一位重度心身障礙兒以來，已經十五年了，好沉重的十五年啊！曾經難以成眠，整夜抱著小小的身體哭泣到天亮；或一直在找機會跟妳哥哥三個人一同去尋死，這樣的痛苦日子，也都經歷過。

這個孩子的人生到底是怎麼一回事？全然不知為人的悲傷與喜樂，只是徒然虛度的人生而已，一點生存的價值都沒有。當我在你父親大學時代的恩師廣瀨杲老師的演講席上，哭訴著說：『有沒有比不會發問的人生更空虛？』以及『虛度日子』等問題時，這就是往日年輕時苦悶的媽媽。老師面帶優雅的微笑，從他的口中傳來沈穩的回答：『妳女兒的人生只是空虛的人生而已？妳為什麼這麼說呢？』。女兒不會思考任何問題，也根本不會發問呀！老師又回答：『妳的女兒會發問呀！而且是個大發問。雖然不是用嘴巴，可是她整個身體不是在向母親發問嗎？無聲的發問，有時候要比用言語的表達，更深更大。妳女兒的人生要終身空度與否，不就是決定在妳這個母親今後的人生觀嗎？』接二連三地重重刺在心上的話語，從老師口中靜靜地流出來。

大發問、無言的發問、由紀乃的發問——自從察覺到這件事那一天以來，媽媽就改變了。原來，媽媽對自己的人生，既不曾深入發問，而且自從懂事以來，就把明明是自己雙手所選擇的人生責任，一切轉嫁給別人，只會怨天尤人，只是愚蠢與憤怒而已。每天虛度日子的人，不是別人，正是媽媽自己！我從大夢之中被人叫醒了。

留心一看，由紀乃的人生，真是滿足平安的人生！不會說話也不會走路，自己什麼都不會的身體，就這樣子全部被絕對他力的手所擁抱。毫無懷疑地全部託付的姿態，美麗得令人眩目。一抱起來就笑的妳，對生下自己這般身體的母親，毫無怨言，在高燒發作連連的日子裡，妳只是一心一意背負著病痛，勇敢地活到現在。

由紀乃！媽媽能夠對妳留下的話，只有『謝謝！』這句話而已。為什麼？因為媽媽四十歲的人生，能夠稱得上是豐富而幸福的人生，乃是由於妳——由紀乃所帶來的。妳自從生下來到今天，一直在用著妳的全身對媽媽說話，一直以無盡的愛教導媽媽什麼是生存的喜悅，什麼是生存的悲哀。『放下就好了！媽媽！不要太勉強。啊！天空啦、山啦、太陽公公啦，大家都在為媽媽加油。』溫暖的大地也正在支持著媽媽呀！妳的眼睛一直這樣子微笑著。

由紀乃！媽媽的病非常嚴重，可能不能再去看妳了（十年前就把由紀乃送入片山津一所殘障療養機構）。因為汽車輕微的震動也會壓迫被割小的肺，導致呼吸困難。每當想到遠在別縣的國立醫院中孤伶伶的妳，或望著枕頭旁邊正在微笑的妳的照片，眼淚就禁不住流下來了。但是，媽媽不會覺得遺憾，因為，就像今天妳是媽媽的佛祖一樣，明天起，媽媽就要成為妳的佛祖了。

由紀乃！媽媽在淨土世界等著妳。等到妳結束尊貴的人生，捨離沉重的宿業肉體之後，媽媽就和妳一起化作風，在山野中奔馳，去搖動樹枝，和小鳥們一同歌唱！

媽媽有一個請求，由紀乃！媽媽死去的時候，妳要給媽媽一個美麗的微笑，就像妳平日那個樣子。而且，也希望妳給媽媽一個鼓勵：『媽媽！加油！』由紀乃！妳要把妳的亮光一直照射下去，用妳那美麗的笑容，繼續給爸爸、哥哥、素淨弟弟、阿公、阿媽他們生存的勇氣！」

我看了這篇文章之後，自己覺得十分心酸，相信各位聽了也頗有感慨才是。真是那樣的天命嗎？還是宿劫難逃的逆緣？總之，我想惠子的內心深處早已預知自己的命運了。在那樣苦惱的世界裡，突然間又遇到自己身上的劇變，是冒出來的嗎？還是被命運所分配的？癌症的宣告更加強了她內心的堅定信念。這個事實，我一點也不懷疑。

無量壽

我女兒喜歡「無量壽」這句話，也向她母親說過她很喜歡「無量壽」這三個字。關於無量壽，惠子用她自己的方式，和藹地向孩子們詮釋這一句話的含意。她不是用那種令人聽了就厭煩的學術性說明，而是以親身的體會來解說。請聽聽看：

「無量壽，這是一句好話啊！也是媽媽最喜歡的一句話，再也沒有其他的語句更適合現在的媽媽了。無量壽的意思，可翻譯為『永遠的生命』、『無限的存在』。壽——生命是無量的，無色無形、也無味，也就是永遠無限的長、無法量測的重、無限的深。無量壽就是阿彌陀如來，凡是存在這個世界的一切『生命』，其真實的姿態，就是全宇宙的實相。不過，這樣抽象的說明，你們一定難以明白。所以，媽媽要把自己所感受的無量壽，向你們稍作解釋。

媽媽就是從無量壽的世界生下來，然後再回到無量壽世界的人。怎麼說呢？所謂無量壽的世界，就是一切生存者的『生命故鄉』，也就是媽媽唯一可以回歸的故鄉，媽媽一直都這麼思考著。一個被稱為『平野惠子』這個人的生命結束時，媽媽就高高興興地回去『生命的故鄉』。於是化做空氣在空中飛舞，化做輕風和你們一起奔馳在山野上，化做綠色的草木來安慰你們，化做美麗的花朵來取悅你們，化做清水在河中暢流，化做海洋的波浪和你們弄潮，有時化做魚兒，有時化做鳥兒，有時化做雨滴，有時化做飄雪。

人就隨著死亡，從一切的痛苦、煩惱、悲傷、憤怒、怨恨之中解放出來。媽媽從做人的柵牢中解放出來，或許對你們的一切愛憎都化解了。可是，素行！素淨！你們決不能誤會，媽媽絕對不會把你們忘掉的！在一切煩惱消盡的世界裡所留下的，只是一個『大願』

而已。『無量壽』＝『生命』這句話，就是無量無限的願望的意思。（略）媽媽不久之後，就會成為你們的南無阿彌陀佛。由紀乃生下來的時候，就是媽媽的佛祖了。十七年來，由紀乃一直勉勵著媽媽：『媽媽！堅強下去！』、『媽媽！您要活下去！』託由紀乃的福，媽媽才能覺悟到尊貴的『生命大願』。媽媽必須通過死亡，才能成為你們的南無阿彌陀佛，而由紀乃一生下的時候，就成為大家的南無阿彌陀佛，散發著光輝過著人生。可是，不知為什麼……愚笨的媽媽，卻一直不知道。」

雖然語氣上寫得很淡然，可是卻十分動人心弦。

「素行！素淨！你們兩人要有大人氣概些，做一個勇氣十足的人。唯有在種種考驗之中才能求得生存，好好的體悟生命的真實吧！所以，千萬不要把無量壽這句話給忘掉！」

——以下省略。

從這番說明當中，或許可以理解到惠子心中的信仰。我相信這也是依靠信仰而生存的惠子所理解的信仰告白。同時，以頗富感性、極為親切又容易明瞭的語句對孩子們做說明。若不是自己親身體驗的事實，是無法說得出來的，更談不上那份心意。誠如惠子所說，她依業而生，但已真正覺悟到佛法而重生，我深表同意。雖然如此，從惠子的文章中，絲毫看不出矯揉造作、裝模作樣的自慢，例如說出「我就這樣得到信仰了！」或是「人生就是如此嘛！」這類的話，相反的，她以極為平實的態度，把她所體驗的重生的世界，流暢地寫了出來，可以說是一種自在，或是一種無礙吧？總之，令人深深感動。

此外，也寫了一封信給大學時代最親密的朋友小蜜小姐：

「四月的時候，癌症轉移到胸部來了，身體好虛弱（癌細胞擴散到肺部，第二次的宣告）。咳嗽和痰不知怎麼搞的，時時讓我的呼吸十分困難。

小蜜！或許這是個極端的看法吧？人的存在本身就是悲傷的集合體！所以，人的一切行為莫不是伴隨著悲傷，也是悲傷的表現，我想妳最能理解這一點。真正的喜樂、真正的幸福，唯有在經歷悲傷之後才能獲得。

我這個面臨死亡的人，誠然是個我行我素的傢伙。死亡這張王牌慢慢地翻了出來，對方一言不發，而我卻仍大言不慚。雖然我很清楚死亡的到來，不管在何時，不管對何人，都是一視同仁的，但我仍然賣弄著特權意識，真是個狡猾的聰明人！到最後，我必定依然是個醜陋十足的人。生下來就是這個樣子，我的心經常像那掀起驚濤駭浪的瘋狂大海，從今而後，再也改變不了。我就喜歡自己這個樣子，看我活得多麼勇敢啊！或許這是一種自我陶醉吧！

我好喜歡人喔！那些為生活的痛苦而哭泣的人，我更加喜歡。我想，如果活到最後都能擁有那樣的人生，那可真快樂！只有在一個把這樣的我原原本本擁抱著的大世界之中，我才會安心盡情的活著。

小蜜，祝妳平安！

惠子　一九八九、四、二十一」

這是惠子的最後一封信。

看了這樣的信文之後，要怎麼說才好呢？是心境的表露嗎？說了這些心情會為之輕鬆嗎？或是……。實際上，這根本不是任何價值觀的問題，也不是情感發抒的問題，這樣的人性，並不是由虛榮心的根性所形成的，也不是因為上述這些揣測的原因而寫下的，而是對信仰世界的美姿有感而發，遠遠的超過我們所能想像的信心概念與範疇。因此，可以說那是對真實世界的體會與見證。

特別是「那些為生活的痛苦而哭泣的人，我更加喜歡」這句話，與《歎異抄》第九章有同悲同傷之處。

親鸞之疑問處，唯圓房與之同心——。

自古以來，就有同悲同傷的說法了，這不是那種簡單的、或一時的感情上的同情慰問。而是唯有在垂下頭來真心面對世界時，所告白的人生觀。這也是我突然之間所領會出來的感受。

在這裡談論信心的世界，雖然有點班門弄斧，但不妨說它是一種破闇滿願，亦即，破除黑闇圓滿願望之意。如何破闇滿願呢？只有在那種唯一的體驗當中，才能親自獲得。也就是人的一生當中，僅有的一次所謂的「經驗」。在《歎異抄》中，也有同樣的句子。十八章裡寫著：「所謂迴心，唯僅一度。」只能有一次的迴心而已，不能有多次的迴心。

這樣的迴心，只有在我們體驗之後才能親自獲得。唯有如此，一個真正的融通無礙的世界，才能自然地打自內心展現出來。這是從惠子身上所感受到的。

下面，就死亡問題稍作探究。

「死亡問題」或「死的問題」

上個月，我去辦理速克達的駕照更換手續（我沒有汽車的駕照）。關於駕照換新，在座的年輕人都曉得，辦完手續之後，就被指定來到一個房間裡面，順著指定的座位坐下。坐下來不久，首先會放映八釐米的影片。然後，才是有關交通規則的部份修正，以及修正法規的說明課程，這是提供給隨時來更換駕照者的必要程序。當時播放的影片，就是交通事故的死亡現場，雖然沒有照到死亡的人，但是照出了慘不忍睹的現場實況。起先，播放出一個心情愉快正在開車的駕駛人的姿態，數秒後，轟隆一聲，命喪黃泉，這就是電影的內容。其用意當然在教人記取事故的恐怖教訓，要時時注意小心駕駛，遵守交通規則。電影中充分表達了警察的這種期待。看了之後，真是無限感慨！

大多數人如果以此來思考死亡的問題，那就糟了。為什麼這麼說呢？因為生存於現在的我，並不知道什麼時候會死亡——而生存這個事實的延長線上，卻存在著死亡。表面上看起來雖然如此，但是若以上述這種情形來思考死亡，那就非常的糟糕。

當然，佛教並沒有這樣說。所謂「一息不來，長逝千載」，若是吐出的一口氣不再回來的話，就是娑婆世界的終了，也就是命終。從另一方面來說，生與死其實是一體的——極端說起來，生存是背負著死亡的。明治時代的清澤滿之先生曾經說過：「吾人不是唯有生而已，吾人是生死一併有的！」

在惠子臨終時，我深深地感受到這一點。由於在點滴中經常加入止痛藥，因此，她在肺癌末期，痛苦的時間意外的少。不過，到最後階段也注射了嗎啡，這時，她的意識完全喪失，只剩一息尚存。當我體認到她接近臨終的時候，主治醫師進來了，靜悄悄地走進來。惠子的微弱氣息看起來似乎將盡，卻又吸了一口氣。最後，終於靜止下來了……。不過，醫師尚未宣佈說：「她走了！」雖然看起來應該是已經過世，但是旁邊有一臺示波器(oscillograph)，這臺像小電視的東西，不知何時被護士推了進來。量測眼睛之後，雖然斷氣了，但是示波器上還有三條所謂的光波靜靜地閃動著。咦！奇怪！光波又閃動了一次。不久之後，其中一條光波像淚珠般地靜止下來，然後就消失了，接著再重複一次，另一條光波又消逝了，最後一條光波消逝的時候，也就是生存於此世界的一切完全結束了。

那時，醫師放開握著惠子的手，向她行了一個禮：「您已命終了！」然而，我認為當她捨斷一切溘然辭世時，她即以一個先導者的姿態，將死亡的嚴肅性以不一樣的方式呈現出來。雖然經常聽到「生死即涅槃」這句話，但是，惠子臨終時的嚴肅與莊重，令我不由得合掌，自內心說出了身為人父的讚歎：「長期以來，辛苦妳了！實在太偉大了！」置身在這個情景之中，清澤滿之的名言，此刻，變成我自己的感受，籠罩著我。

我經常與五、六位和尚朋友咻咻不絕地談論著，到底是「死亡問題」？還是「死的問題」？特別是現在，有了毘訶羅(Vihāra)這個問題。言歸正題，是「死亡問題」或「死的問題」？其中雖是一字之差，對於看問題的人而言，卻有天地的差別。所謂「死亡問題」，有人認為只是一般的、概念性的問題而已。因此，就會產生種種不同的看法，例如是屬於想像性的，或抽象性的。而「死的問題」指的是自己所面臨的切身問題，我們會加以認真思考，對它深入的探究。

當所謂的「死的問題」來臨時，這個問題立刻被擺到眼前來。此時所面對的問題是什麼？古人常說：「來生是一大事！」所謂「來生一大事」，除了「擺在眼前」這種迫切性之外，更有「被人推落」的意味。不就是那樣的世界嗎？被推落的時候，起初就是黑暗的——親鸞聖人稱為「無明之闇」。那種黑暗的世界，此刻已降臨自己的身上，那是個無底深淵的世界。平日的沈著穩重、人格、地位，什麼都化為烏有，此外，長年累積的學識、或是研究的結果，一切的一切都歸於虛無，不就是無底深淵的世界嗎？我自己就是這樣認為。

在這個當兒，真正會被「自我」這個東西所形成的牆壁之厚與頑固，深深感動而痛哭流涕。這個牆壁，不像柏林圍牆有崩解的一天，它是絕對不崩解的。而當它碰到「來生一大事」這樣的牆壁阻擋時，不知有多少人為之受苦，有多少人遭受艱辛的磨鍊。在《信者物語》、或是《妙好人傳》，以及最近出版的《遇到親鸞的人們》等書當中，也有類似的描述。特別是多田鼎先生、或最近的曾我量深先生、以及金子大榮先生等，都發表了活生生的真實體驗。亦即，在那個全然無底的深淵之中，發出了迴向的作用力，而從死亡中得救的記錄。誠然，就像親鸞聖人在《教行信證》中所說：

「常沒凡愚、流轉群生，並非難成無上妙果，真實信樂，實難得也！」

此外，在《正信偈》裡也寫道：「難中之難無過於斯。」對此也有非常貼切的形容。雖然如此，陷入此處的我，則因「無上妙果」——念佛而真正得救。這個世界，可以說是我所體驗的世界。

關於「體驗」與「經驗」，我想稍作說明。我不是要引用那些艱深的哲學思辨。而只想翻閱哲學辭典看看經驗與體驗是否相似。如辭典所寫，所謂「體驗」，就是「主客未分的情意經驗」。主客未分的情意性經驗，就是體驗。就廣義而言，體驗與經驗雖有共通之處，但兩者是有差異的。

正視死亡、思索死亡的人究竟是誰？就是「我」。主體的我，與客體的死亡兩者之間，永遠是平行的。因此，死亡這個被稱為「無底深淵」或「無明黑暗」的東西，若成為主體，我就成為客體。生與死不就是以這個形式輪替轉動的嗎？

淨土寄來的賀年片

在最後，我想介紹我女兒於亡故之前向三個孩子所說的話：

「有許多人認為：『所謂竭盡所能這句話，畢竟不是人類所能做得到的。』但是，這樣說並不是送給別人的一句好話。這只是一句個人自言自語的話，是為一己的懶惰而哭的人，為自己的無能感到悲傷而自言自語的話。因為人們決不會對一位自憐的人，竭盡所能去替他解決困境。

聽聽親鸞聖人的教訓吧！希望你們能好好誦讀經典，學習他那廣大無量的心。可是不要只用頭腦去理解訓示，必須要了知其精義。當然每個人在年輕時，多多少少會犯錯，對於這些過失，只要經常保持一顆自我檢討的心，就可以了。現在的宗門之中，許多出家人所犯的毛病，就是這一點。（略）

素行！素淨！你們兩兄弟一定要成為念佛人。念佛的人，口中經常會說出好話來。『謝謝！』『對不起！』念佛所說出的話，能夠安頓人的心、安慰人的心。就像童年時所讀過的《格林童話》，心地善良的女孩口中，每講一句話，就會掉下一顆珍珠，而壞心眼的女孩口中，就噴出癩蝦蟆來。」

如同前述，惠子把她的期望——做個念佛人，對子女們說出來。我想，懷著這種期望的惠子，她自己必定已經生活在那個世界才是。

此外，我接到女兒死去之後寄來的賀年片。她於十二月十六日亡故，賀年片是在那時之前投遞的。接到女兒寄來的賀年片，我著實吃了一驚，因為她已經不在這個人世間了。打開一看——

「在安詳的時間之流中，飄逝過的那些憂傷與快樂、令人懷念的日子。新的一年也是同樣有快樂、有溫暖、有悲傷。人生真好！」

卡片上印著這幾句。在這些印刷字的後面寫著「給父母親大人」，接著惠子特地用紅筆寫著：

「謹以充滿安詳的心獻上感謝，感謝您們讓我走過了美好的一生。女兒在淨土等待著。」就是這樣的賀年片。接到賀年卡的我，不禁悲從中來，這真是一張非比尋常的賀年片！「在淨土等待著」這句話，不是口頭上說說而已。

譬如，有人說要在名古屋車站等候，說的人如果不去名古屋車站等人的話，是不像話的。說出要在何處等待的話，說的人必定會到那個地方去的。說出要在淨土等待這句話，一定是先到達淨土的，女兒正在淨土等待著——這是確實的事情。

這次，我以父親的立場，面對女兒的亡故，能夠安然平靜地接受這個事實，因為在我的內心裡，充滿著不久之後必定在那個世界再相會的期待。

以上雜亂無緒的內容，對於那些抱著期待來聽講的人，實在感到十分抱歉！請容我結束冗長的演講，謝謝大家！

② 骨肉腫瘤的女兒所遺下的留言

丹羽美惠子

女兒的病

我是一位普通家庭的平凡主婦，與先生兩人相依為命。今天，誠蒙田代先生的好意，給予機會讓我在這裡向大家報告，三年前亡故的我的女兒葉子的故事，這也是葉子所製造的一個緣份，感謝大家！

我養育了三個孩子，最小的名叫葉子，她因骨肉腫瘤而亡故。我女兒在與病魔搏鬥的一年十個月期間，寫下二本日記。死後，我們就以她的日記為中心，編集了一冊遺稿集，自費出版了這本書。這本書印了三百冊，分送給支持病中的葉子和我們家人的一些同學、老師、以及親近的友人們，作為紀念。後來，由於受到善心人士的支持，加上各報社的介紹，所以又加印了一些。沒想到竟然會有那麼多人讀這本書，我們接到了許多不認識的人給與不少的溫暖鼓勵與安慰。

今天，我以「骨肉腫瘤的女兒所遺下的留言」為講題，主要是以葉子的日記為主，再加上我個人看護的一些經驗，向大家作一個報告。

葉子出生於一九七一年四月十一日，今年應該是高中畢業上大學的年紀了。對於有子女亡故的父母親而言，還是念念不忘他們的年紀，這是人之常情。我與先生兩人生活在一起，經常談到葉子的往事。

關於我女兒罹患骨肉腫瘤的生病經過，是這樣的，她在十四歲國中二年級時的春天，突然發病。發病之前，她是一個非常健康、喜歡運動的少女。有一天，她發現到右腳膝蓋周圍有些微的腫大，剛好那一天有馬拉松賽跑，她問我是否要參加，我看了之後覺得不太對勁，趕緊帶她到附近的醫院去檢查。為了慎重起見，所以做了種種的檢查。五月之後，轉到國立醫院接受骨肉腫瘤的診斷。到去世的時候，是在一九八七年二月二十五日，正好接近三年級的畢業典禮。

發病期間歷經一年又十個月。這段期間，右大腿動了手術，裝入人工骨頭代替大腿骨。本來，要是不把腳切掉的話，由於病灶是個相當大的骨肉腫瘤，胯股關節以及膝蓋關節都必須以人工骨頭代替，才能保得住腳，因此做了患肢溫存手術。然而，骨肉腫瘤的原發病灶，已經從腿部轉移到肺部。肺部的手術在次年的十月進行。大腿骨的手術加上有關的神經麻痺的手術，共計三次。在此期間，做過十八次的化學治療。前後往返住院共計有十六次，實在是經歷了備嚐痛苦的與病魔搏鬥的生活。

葉子亡故之後，主治醫師寄來他發表在癌症醫學學會以「患肢溫存的一個病例」為題的論文。看過論文，我們才知道葉子病情的詳細醫學報告。我們原先都以為轉移到肺部是稍後才發生的，事實不然，根據論文所說，就在發病之後不久，僅僅幾個月之間，就發現到轉移到肺部的病灶了。剛剛發病的時候，我們也到圖書館去翻閱種種的資料，想要進一步瞭解骨肉腫瘤。當我們看到一些報告，說有人早在五年前就發病了。根據當時的資料，原發病的部位是手腕或是腳，但是到最後，還是不能逃過移轉到肺部的命運，而終告死亡。對於不少這樣的死亡病例，我們感到十分絕望。有一部電影，片名叫做「把翅膀插在心上」，也許在座有人曾經看過，我們也看過了，葉子也是。於是我們抱著這是一種需要把手腳切除掉的悲慘病症的認識，開始了艱苦的抗病生活。

根據資料，厚生省記錄上罹患骨肉腫瘤的案例，從昭和三十九年到五十九年的二十年間，高達二千三百七十二件。二十年間雖然只有這些數目，但是，每年就有二百位小孩罹患這種病症，被迫捲入殘酷的抗病生活。

這種症狀，大部分出現在思春期的男女青少年身上，由於正值年輕，症狀的進行也顯著的快速，有不少死亡的案例。不過，若是您們身邊有人不幸患上這種疾病，因為平均有五年的存活期間，五年之間，醫學多少會有進步，所以您們要勇敢的奮鬥下去。主治醫生也鼓勵我們，有七成的機會可存活五年，可以治好的！

當醫師告訴我們夫婦兩人葉子的病名時，我們極為震驚，葉子膝蓋周圍的症狀會是骨肉腫瘤，我們一時之間還不能接受。為了怕過度刺激葉子，我們向醫師請求，不要把真相告訴她，只告訴她是患了骨髓炎就好。當然，今日的醫學，也以不告訴孩子病名為原則。醫師對葉子說出是骨髓炎之後，接著向她說明其實是骨肉腫瘤的嚴厲治療方式。

所謂骨肉腫瘤的治療方針，就是當骨頭腐爛之後，必須馬上手術，亦即把腐爛的骨頭取出來的手術。之後，就是設法殺死體內的癌細胞。雖然不說出是抗癌劑，但是注射了十四次的強力藥劑。預計注射十四次之後可以治好，雖然如此，這種藥非常猛烈，會令病人飽受痛苦，除了噁心之外，還會掉頭髮，食欲完全消失，當藥劑進入體內時，也會有嚴重嘔吐的情況。醫師把治療之間可能發生的後果，詳細對葉子說明之後，葉子也意識到自己所患病症的嚴重性。

葉子自生下來到國中二年級為止，一直很喜歡體操，身體也非常健康。因此，面對這麼殘酷的試煉——治療，也能覺悟到病情的嚴重而默然承受，我自己也感到十分的難過。化學治療的時候，我在一旁照料，那股味道非常強烈，令人聞了會嘔吐不已。葉子當時的情況，因為事先瞭解那是極為猛烈的藥物，所以每隔一分鐘或二分鐘就嘔吐，一直吐到肚子空無一物，還是嘔吐著，我在旁邊照料，也感到相當痛苦。

經過這樣的痛苦歷程，結果，還是敗給了骨肉腫瘤。葉子本人克服了最初的心理障礙之後，一直到最後，漂漂亮亮地與病魔拼鬥了一番。我們在醫師告知病名的時候，心情受到極端的刺激因而紊亂不已，一直到聽到葉子的一番話之後，才把我的惡劣心情扭轉過來。她說：「媽媽！不要想要跟我一起去跳海自殺，若是那樣，我會先把您推下去，而自己仍然要活著！」她的語氣表現出與病魔搏鬥的覺悟與勇氣，當時就改變了我的想法。

葉子的奮鬥沒有結果，就在國中的畢業典禮之前去世了。女兒死後，我讀了她在發病期間所寫的兩冊日記。看了之後，我才瞭解為何她會那樣地熱愛生命勇敢地與病魔戰鬥，也知道她內心的苦惱。她克服了種種的痛苦與煩惱，而且開朗地度過艱難。我們認為葉子這種勇敢活下去的精神，不只可以激勵我們家人，也應該與我們周圍支持葉子及我們的朋友們，一起領略共享。這就是我們自費出版這本日記的緣由。

葉子的日記

這本日記，自第一次住院的兩天前開始寫，一直到最後一次住院的一九八八年二月二十日前二日，二月十八日為止。日記的內容，以生病的病情為主，包括朋友與學校的事情、對考高中的不安、以及國中生所想的一般日常的事情等等，這些都是她寫作的題材。她雖然對病名不是很清楚，但是對於手術是否會造成腳的殘廢，化學療法的激烈副作用、以及為了明日的生存不得不忍受劇烈痛苦的治療等等殘酷現實，都有描述，年紀雖然不大，感受卻十分敏銳，寫下的東西也極為銳利。

與病魔搏鬥誠然辛苦，其中最大的哀傷，莫過於當癌細胞轉移到肺部，醫師宣布要動胸部手術的時候。當時，正是葉子國中三年級的六月，在朋友以及學校老師的鼓勵下，參加了畢業旅行。為了確定是否能夠參加這次的畢業旅行，我特地向主治醫師請教了許多問題。這個時候，我們都知道已經轉移到肺部這件事實。而葉子尚被矇在鼓裡，一直接受著化學治療。當時，她還不知道有轉移到肺部這回事。當醫師告訴她有關肺部病情的時候，她寫下了這段日記，內容有點長，我唸給大家聽：

「九月七日　於自宅

星期五的傍晚，大夫來到病房，在他看完我不拿拐杖走路的樣子之後，對我說：『嗯，葉子小姐！這次本來預定就要停止用藥了，可是，看過X光片之後，覺得肺部的地方有些問題，所以必須手術，還不能停止用藥。』聽了之後，我的眼淚潸潸落下來，心裡一陣悲傷，飯也吃不下。媽媽也哭了。我好後悔！我好悲傷！整個胸口就要爆裂了！真是太傷心了！

現在，雖然沒有辦法，回到家裡後，還是打了一些電話給昨天來電話鼓勵的阿姨們。真想這個樣子一直待在家裡，可是今天晚上又得回到那邊去。在回到醫院之前，與家人一同到餐廳吃飯。雖然悲傷，也必須堅強下去！然而，日記，明天起還能接續下去嗎？」

葉子對於當時遭受挫折的自己，這般地自我勉勵，繼續硬撐下去。

正如日記所表達的，這段期間，正當X光確認出轉移到肺部的事實時，葉子的身體狀況卻格外的好，膝蓋關節、胯股關節、以及大腿骨都裝入人工骨頭，這些重大的手術，進行得十分順利，不用拿拐杖也能步行。這時候，本來應是最高興的時候了！醫師在發病當時曾經說過，注射十四次的藥劑之後應該會痊癒。就在注射終了的時候，也是一心期待醫師開口說：

「已經好了！」這句話的時候。

可是，醫院裡面也有不少患上同樣症狀的其他孩子，他們之間有人因肺轉移而做過胸部手術，也有人因為無法動手術而衰弱的模樣，這些都看在葉子的眼裡，自然而然在心裡也懷著「自己若是不幸也……」的不安感。「只要能耐得住痛苦的治療就能治好」，葉子雖然信任醫師及我們，可是，心中卻懷著莫大的挫折感。對於被所信任的人矇騙，即使表現出不信與絕望，也是沒有辦法的！因此，她就以自問自答的方法來問著我：「用了那麼強烈的藥之後還是再發作，我的病到底是癌症？還是骨肉腫瘤？」

現在，我可以用相當冷靜的心情來讀完她的日記。而讓我深受感動的部份，就是從這個時候開始寫的，已經在自己的病情中覺察到死亡的這段日記。醫師告知胸部手術的那段日子之後，葉子的日記變得更為深入、內在，極具暗示性。

葉子在日記的最後一頁，對於自己的投書被刊載在《每日中學生新聞》上，寫下了欣喜與緊張不安的感受。日期為一九八七年二月十八日，二天後隨即住院，二十一日起連續三天接受化學治療。而在最後一次化學治療之後兩天，油盡燈枯一般，結束了十五年短暫的一生。

被刊登出來的投書內容，是葉子寫給一位女孩子的鼓勵信函，有一位署名「史達斯」的少女，因為父母親要求她考入一所她能力所不及的高中，所以把她的不滿投書給報社。葉子

通寫了下來。十五歲又十個月即離世而去的女兒，不能再繼續寫日記了。留下的日記，我讀了好幾遍，其中有些地方不太明白、看不懂，然而，想要向她問個明白，卻再也不能與她講話了。

最初閱讀她的日記時，我是以怎樣的心情來讀的呢？「妳對病情有多少瞭解？」、「我的病是癌症？是骨肉腫瘤？」葉子這樣問我的時候，我完全無法答覆。要是知道病名，葉子承受得了嗎？我感到十分困惑，告訴她真相，會有多少幫助？這也是另一種問題。若是告知病名，讓她覺悟甘願接受死亡，把自己的人生置之不顧，或許會比較好也說不定，但是這光靠我們家人的力量，是有困難的。不幸罹患了這種絕症，要對不知明日是否能夠活下去的孩子說出病名，若是能夠獲得醫師、護士、醫療人員的支持，或是同學、學校老師，以及社會上的支持，或許整個情況能夠改觀也未必可知……。我們實在很慚愧，家人都沒有宗教信仰，只是這樣過日子而已。家裡雖然設有佛壇，也常常合十禮拜，但是與宗教的思想到底是沾不上邊的。也聽了一些佛經，對內容也不是很瞭解，生活就是這個樣子。在這樣的情況下，一廂情願地希望得到那些尚在準備考高中的同學、老師，以及醫師、護士等人的支持，豈不是太奢求了嗎？

面對葉子的質問，只得用「只有醫師才知道，檢查的結果，醫師說不好也不壞，病名倒是沒有什麼關係。」這種曖昧不清的說詞來敷衍她，葉子也不再深入問下去。不過，她卻不時懷著對病名的疑問，一面凝視著死亡的陰影……。葉子如何自我支撐的呢？在日記裡有一篇寫道：

「啊！只要我的病全部治好的話，什麼事都可以從頭開始。行李太重了！想要丟也丟不掉。嚴重的時候，就像是要被壓扁的樣子，不過，還是硬撐下來，再抬了上去。就是因為生病，所以不能全部放棄，還要留下一些，就這樣，堅持下去！加油！葉子！」

她以這樣的方式來自我鼓勵，是一種精神上極為孤獨的持續搏鬥。葉子自發病到亡故的所有期間，就是以這種奮戰的精神，貫徹始終，燃燒殆盡。而她自己所寫的日記，正是支撐她與病魔搏鬥的最大精神支柱。

女兒的死

那是在最後一次化學治療結束之後又過了兩天的二月二十五日，葉子的血壓從早上開始就很低了，而且排尿困難。她是死於心臟衰竭，在下午六時四十七分，斷氣而終。那一天，是個很寒冷的日子，從早上就開始下雪了，是不是上天也預感到女兒的死？我一直都陪伴在側，眼看著她衰弱下去的樣子，就心裡有數了。此外，她還併發黃疸症，排尿困難……。以前做過十七次的化學治療，都未曾有過這些現象，所以我就有種不祥的預感。因此，全家五人——在東京的大女兒也回來了，一大早就擠在病房裡，盡量保持著和祥的氣氛，不要讓葉子感到不安。中午，葉子也和家人一起吃冰淇淋，她的精神狀況還不錯。

我從最愛的女兒的死亡當中，體驗了人斷氣時的最後那瞬間。我的父親，在我七歲時因結核病而死亡，當時見到死亡的時候，我年紀尚小，只留下驚嚇和恐怖的記憶而已。我的母親，在七年前，在飽受長期的巴金森氏症後亡故，但是她死得太快了，在我接到娘家電話的時候，已經是斷氣之後的事了。我是通過了歷經一年十個月搏鬥的女兒之死，如實地見到人在最後那瞬間是怎麼去世、怎樣燃燒殆盡的情景。而看在撫育十五年的母親眼裡，又回想起懷胎十月時的那種感覺，這又是何等的不幸啊！

這樣的死，深深的烙印在內心深處。我避開了對女兒說出病名或死亡，一直讓她相信只要忍耐得住就能治好。然而，女兒在死的那一瞬間，對於死亡的來臨全然毫無準備，懷著「自己怎麼就要死了!?」的那種恐怖與驚訝，她那種淒絕的樣子，到現在還盤據在我心頭。

那一天，葉子的心臟衰竭，並不是痛苦的主因，而是全身力量就要用盡的那種痛苦。她並未想到自己正面臨著死亡。中午吃過冰淇淋後，醫師一般都在下午來巡視。平常只是主治醫師一個人來巡房，那一天卻多了負責胸腔手術的胸腔外科醫師以及一位從未見過的內科醫師，三人一起進到病房來。那時，她似乎才清楚地意識到自己的狀況非同小可。醫師們到來時，她發出恐怖的叫聲：「怎麼!?我……這麼嚴重!?」其他兩位大夫連忙應聲：「沒這回事！」、「沒這回事！」立刻走出病房去了。主治醫師抽出插在她手上的點滴，說聲：「要換到頸部的血管上去。」處置之後，過了數十分鐘，葉子突然臉色大變。

臨終之際，葉子遺留下來的話，我自己到死為止都忘不了，那就是：「大夫！救我！神啊！救我！啊！不行了！殺死我吧！」三句話。或許意識上多少有些混亂，但我想這是她極想要再留在這個世間的最後衷心哀求。即使是最先進的醫療，到最後也無法挽救一個意志堅強、認真接受治療的生命。我覺得，唯有依靠一個超越人類智慧的力量，除此之外別無方法。再者，遭受生命極限或氣絕時的痛苦，除了「殺死我吧！」之外，再也沒有其他的言語可以表達了。葉子在搏鬥期間，都沒說過一聲「想死」的話。我在她臨終時所說的「殺死我吧！」這句話裡，深深感受到葉子在生死關頭的掙扎與莫大的痛苦。

現在，對於臨終患者所施與的延命治療方式，只是延長一些時間而已，至於有多少實際上的意義，也引發不少爭議。我認為拒絕類似的延命治療，是維持人性尊嚴直到最後的方法。

這種想法是基於人道主義的考量，或許也是患者本身單方面的想法，或是看護者單方面的想法吧？葉子臨命終時，有人趕往通告主治醫師，我請求護士長代為轉達：「若是無法醫治的話，請不要讓她受到不必要的痛苦。」那時，醫師對我採取這種立場，似乎不以為然，他說：「這與我的哲學是相違背的。我們考慮要施與人工透析。」

結果，父母的這種想法，主治醫師醫學上的熱情，以及直到最後所作的一切嘗試，努力想要挽回一命的熱情，悉數化為烏有。但葉子的面相非常安靜非常美，死得極其尊嚴。

我在發病的初期，訪問了五位醫師，聽了不少有關的療法，但是我心裡仍然十分迷惑，到底要從國立醫院轉到別家醫院去？或是轉到東京去？這些問題一直在困擾著我。當時，主治醫師說：「若是想治好的話，就要在我這裡繼續接受治療。」主治醫師的這番話，支撐了我們夫婦一直到最後。我不知道目前醫學界對於骨肉腫瘤的原因以及治療方法，進展到什麼程度。不過，要與這種尚未查明病因及尚未建立醫療方法的惡疾對抗的話，我認為信賴醫師是最重要的。若不是這樣，恐怕無法與病魔纏鬥到最後一刻。同時，若是中途迷失方向而亂投醫藥，則不僅看護者會手足無措，患者本人更會成為不幸的受害者。

「微風會」

雖然我一心想對抵抗疾病中的葉子給予支持，然而在她死後三年的今天，我反而受到許多人的鼓勵與支持，而了解了活命至今的自我。由於《葉子的日記》的緣故，認識了許多不同背景的人士，受到他們的溫馨鼓勵。不過，在葉子死後的一年之中，我幾乎每天都是以淚洗面。

當時，支持我渡過難關的，是一群同是遭受喪子之痛的媽媽們。在名古屋，只有我是會員，「微風會」就是喪失子女的雙親們所組成的團體。加入這個會之後，才知道原來我不是唯一的傷心人，因而從大家的相互慰勉中站立起來。在這個會裡面，有因交通事故剎那之間喪子的人，有因羽田機場空難喪子的人，有各種原因喪子的父母加入本會。也有被綁票遭受殺害的例子。這些會員們看過日記都說：「能有看護照料的機會，還不錯呀！」真的，這個看護的機會，是給我與女兒訣別的機會——要不是這般辛苦、搏鬥惡疾的看護，也就無從體會這種別離的滋味了。這不就是因為離別而賜給的一段母女相聚的時間嗎？

三重大學教育學系的佐藤年明教授在看過日記之後，寫來一封信，信上說：「不告知病名，雖然有點拘泥形式。不過也因為如此，而能夠支持妳女兒的生存意志直到最後。這也是一種支撐有限生命持續求生的力量。」看了他的信之後，精神為之一振，我自己也要挺直腰幹，不能輸給別人才是。

我現在認為，在我的人生終了時，對於自己因何而死，自己得了什麼病，都想要清楚知道，但是否能夠如願且不管它。不過，若能安靜地接受死亡，則是最大的期望。這並不是過於耽心或是看法上的問題，因為我們對於醫生究竟會採用怎樣的醫療手段，必須事先有所準備。我在醫院從旁照料時，發現醫師及護士大家都很忙，與患者慢慢說話的時間都抽不出來。好不容易碰到醫師抽空來到病房，坐在椅子上與女兒談話時，她的心情會明顯的與平時不一樣，臉上的表情也開朗許多。因此，那時候也常常按電鈴呼叫醫師前來。啊！這或許是無法改變的現實，和病人之不幸！

對癌症患者的告知問題，死亡的接受、安養院(hospice)或靜養所(vihāra)等等名詞，都是生病的女兒教我的，她督促我要多多學習。因此，對於葉子所給與的緣份，我也未敢疏忽，今天有機會在這裡向大家報告我的體驗，希望今後能與大家共同努力！

我在寫信給田代先生的時候，告訴他今後要多加學習。但是只參加了四、五次的研討會而已。突然接到要我作報告的信函，實在是太驚訝了！所謂學習這件事，就是把自己的辛酸體驗向大家報告，從其中共同勉勵共同學習，我認為這才是最重要的。我講的不好，限定時間只有一個小時，我覺得太短了，不過，我就講到這裡為止。謝謝大家！

③ 與癌症搏鬥

——信佛的心路歷程

河村Toshiko

癌的手術

我是剛剛被介紹的河村Toshiko。

由於蒙受不可思議因緣的恩賜，早在很久之前我就親近了田代先生，而且多次參加「探討生死問題研究會」的活動。

我在昭和六十二年一月發現了胃癌，接受手術把三分之二的胃切掉。目前，可以說已經沒有什麼自覺的症狀了。在此之前，我的腸內曾長了瘜肉。腸內長瘜肉雖然早在這之前的四、五年前就知道了，但是因為是良性的，不拿掉也沒有關係，所以就放著不管。剛好那時美國的雷根總統，因為腸內瘜肉變成癌而手術，這條新聞相信各位都聽過。我聽到之後，覺得有點耽心，於是就到山口的日赤醫院住院，切除了腸內的瘜肉。這是那年十二月的事。

當時還有兩天才出院，我想，既然住院來了，何不順便做身體檢查。因為我的腸長了瘜肉，又有其他的東西，似乎特別脆弱。不過，我一向對自己的胃很有信心，認為沒有什麼問題。當然，也沒有什麼自覺的症狀，只是，為了慎重起見，還是檢查一下比較妥當。所以，雖然覺得有點奇怪，還是接受胃鏡的檢查。當時是第一次體驗到胃鏡的檢查。我對自己的胃自信滿滿，心想只不過是為了慎重起見才檢查而已，不會有問題，因此，除了胃之外，也作了其他的檢查。結果應該會馬上出來的吧？不過，醫師卻說：「請再等二、三天看看！」再過兩天就是預定出院的日子，反正已是準備出院的時候，還要等兩三天，好吧！就等下去吧！

經過了三天，主治醫師帶著極為高興的笑容走了進來：

「河村太太！河村太太！是癌喔！有癌咧！」

這位主治醫師平時就是一個非常親切和藹的人。起初看見他那副高興的笑臉叫著：「河村太太！河村太太！」我以為他會說：「啊！沒有事，可以出院了！」卻聽到：「是癌喔！有癌咧！」又看到他那副高興的表情，因此，我也沒想到會有那麼嚴重。

「那麼，大夫！要怎麼辦呢？」

「嗯！除了開刀之外，沒有其他的方法。」

「那就不能回去了嗎？」

當時，我心裡只想到有件事非同小可——所謂「非同小可」的意思，就是比得到癌症還要重大的事情，我必須能夠馬上出院。因為我服務的大學，期末考已經快到了。當時，整個心思都放在學校上。

「不能回去喲！」

聽了醫師的答覆之後，整個人都愣住了。而對於得到癌症這件事，卻不太感到震驚。

我經過多方打聽之後得知，是否要對病人告知癌症，是個極為棘手的問題。特別是日本，醫師往往為了是否要告知病人罹患癌症的事實，苦苦思索對方的個性等等立場，因而大傷腦筋。我的主治醫師不知怎麼想的，在尚未告知我家人之前，就先告訴我了。我雖然不清楚他的想法，但是現在回想起來，主治醫師以開朗的笑臉告知病情，這點我是極為感謝的。當然，或許醫師認為發現的相當早期，因而感到高興。可是，對於「癌」這件事，我的家人要比我更為震驚，周圍的人也都顯得驚慌失措。我想醫師或許已經顧慮到這一點。

後來，把三分之二的胃割掉，平安無事的出院了。此後，每半年做一次精密的檢查。就這樣經過了兩年，也就是去年，我想，半年半年的做檢查，到現在都平安無事，這次也應該沒有問題才是。於是，我抱著這種習慣性的想法來到醫院。然而，一經過檢查，卻有什麼不對勁的地方。所以，再做更進一步的檢查。醫師把那些檢查的照片讓我看，「奇怪？」他指著照片說：「這是什……麼？」那裡就是大腸。而胃的部份並沒發現什麼，可是，這次卻是大腸。我聽到醫師說：「這是什……麼？」時，就說：

「大夫！是不是又長了瘜肉？不是都把瘜肉除掉了嗎？怎麼又長出來了？」

「不！是個漂亮的癌！」（全場大笑）

哎！真沒辦法，於是又做了一次手術，切掉五十公分長的大腸。經過兩個月之後，平安無事地出院了。到現在為止，當然，還是得接受例行性的檢查，不過，我依然快樂地過著日子。

就一般的常識而言，先前已做過胃癌的胃切除手術，經過兩年，這次又出現在大腸，許多人都會認為是癌細胞的轉移，或是再復發，而覺得事態嚴重，更有人會認為已經病入膏肓沒指望了。在座之中，或許有人抱持同樣的看法。由於是二次復發，所以來探病的人，一進到病房就忍不住地流下眼淚，我反而被她們的舉動嚇到了。不管是再復發或是轉移，總而言之，在一般人的眼光裡，兩者都是極為嚴重的，認為好像是沒有希望了。

我自己既然有了癌的體質，每隔兩年，到底又會轉移到何處？或是再復發？一概無法知道。不過，每個人都說：「咦？妳還是那麼自在嘛！」認為我的態度似乎有點不可思議。關於這點，是因為我自己找到了淨土真宗這個奇妙的法門，讓我擁有能夠念佛的這個身體的緣故。

遇見佛法

在這裡，讓我詳細說明我怎樣遇見佛法的經過。

我出生於兵庫縣的明石。明石這個地方與京阪神的神戶，現在幾乎都要連在一起了，是個人口三十五萬的城市。我的家是非常虔誠的基督教家庭。基督教裡面有舊教與新教，或是天主教與基督教之分，我們是新教的基督教徒。我的祖父極為虔誠，把自己的土地獻給教會建造基督教的會堂，那就是現在的明石教會。同時，祖父也招聘牧師，在那一帶推展基督教，終其一生竭力護持，我就生長在這樣的家庭。我在尚未進小學之前，剛剛懂事的時候，就開始上基督教的主日學了。在我自己的一生當中，會想要放棄基督教這件事，連做夢都沒有想過。我在明石讀到舊制女高校畢業為止，然後上東京繼續升學。

我現在住在山口縣一個名叫「萩」的小城。或許您們聽過「萩」這個地名，從本州最南端的下關開始，一直到達快進入日本海的地方，就是萩市。我不是受到萩市觀光協會的拜託而介紹的……。(全場大笑）這個地方出了不少明治維新的志士，都是吉田松陰先生的松下村塾培養出來的。這裡有山也有海，是畢業旅行或觀光客嚮往的好地方。在東京，有緣遇到也是上京來求學的我的先生，兩人就訂婚了。因為我是獨生女，在婚姻的約定上，應當招女婿入門的。或者，如果我要嫁出去的話，不可選擇基督教以外的家庭。

然而，訂婚不久，先生家裡有了變故，繼承家業的長兄戰死在沙場，因此，我先生就變成繼承人。由於繼承者不能把戶口遷移到別的家庭去，所以，在我們的懇求下，於形式上，把我的戶籍遷入河村家裡，算是不違反習俗規定，然後我們就結婚了。不過，結婚也附帶兩個條件。其一：即使是繼承人，也不用回到山口縣；既然在東京有工作，一輩子都可以住在東京，這是河村的家人提出的。另外一個條件，是我加上去的。那就是，不管河村家的信仰為何，我希望一輩子都是一個基督教徒，是否可以接受？在這個條件之下結婚的。

雖說可以不用回山口縣，可是第二次世界大戰下的日本，戰敗的跡象愈來愈明顯，塞班島的淪陷、有人謠傳東京會遭受空襲，警戒性質的警報開始在試放了——於是我帶著走路還會搖晃的老大以及剛生下的老二，疏散到先生的故鄉來。那真的是疏散，我的先生仍然留在東京。當時，我告訴他，只要在空襲到不了的偏僻地方，一找到房子的話，馬上來接他，因此就只帶著身上所穿的，回到鄉下來。

我回去的地方，據傳說——下關的壇浦一帶，就是源、平兩氏族戰艦大會戰的地方，從那裡，被消滅的平家殘餘黨徒的後代，就往日本海方面遷徙流亡。原來如此，這個地方曾是沒落武士們隱居的地方，雖然靠近海，也有山谷，現在只剩下三棟房子而已，就是回到這樣的地方。公公婆婆的年紀相當大，就守著家業的農地。

回來之後最感驚奇的，就是家裡竟然有座極為莊嚴的大佛壇。基督教對敬拜神祇或是佛壇等有形有像的東西，認為是一種偶像崇拜。拜偶像的宗教，是屬於程度較低的宗教，這是基督教告訴我的。我先生的家是祖堂，其餘兩棟則分給其他家族。早晚，整個大家族集合在本家祖堂內認真的作早晚課。我看他們如此禮拜這些偶像，覺得太可憐了。

有一句話刻劃在基督徒的心裡，那就是：「信徒即是傳道者。」傳播基督教的人，不只是牧師的職責而已，每一位信徒都是傳道者，因為我想到了以前我所接受的信念，於是，就想要把基督教——神的話語——傳給這些敬拜偶像的可憐人們。如何進行呢？當然是先以公公婆婆為對象。因此，每天晚上——農家的老年人，白天不在家，太陽下山以前都在田裡。夜晚，當他們在自己的房間休息的時候，我就帶著基督教的《聖經》到他們的房間去。剛開始的時候，也不管這家人的宗教信仰為何，反正，狠狠的把他們的信仰貶得一文不值：拜那種偶像的宗教程度不高，不能拜偶像！然後央求他們一定要聽基督教的福音。原先我以為他們會不高興，多多少少還有顧忌。可是，他們都沒有露出一絲厭煩的臉色，而且還帶著笑嘻嘻的表情，邊聽邊點頭：「是嗎？是嗎？」那種認真的態度，像是真怕我一下子改變心意不

再講下去的樣子。（全場大笑）

他們的態度，對一心一意想要拉他們信基督教的我，起了些微的變化。首先，我自己發現了公公婆婆他們的人生觀。公公婆婆實在是非常可憐的老年人，六個子女當中，有四位已經養育到成人卻都亡故。這是何等悲傷的事啊！沒有比遭受這種白髮人送黑髮人的喪子之痛更為悲哀的。而公公婆婆他們卻是遭遇四次這種不幸的人。我還住在東京的時候，經常想到他們真是一對可憐的老年人，或許每天都以淚洗面過日子吧？直到住在一起的時候，卻根本感覺不出這種陰影或是哀傷的氣氛，反而過著幸福快樂的生活。難道這兩位老人毫無感情？對於先死的子女不感到悲傷？或是善於偽裝？——這是第一件不可思議的事。

說來真是慚愧，我是一個非常任性的媳婦。大家在早晚課時，不僅全然不去參加，而且還用冷淡的眼光在旁觀看，根本不想調整自己來符合夫家的習俗。然而，公公婆婆對這麼放肆的媳婦，依然十分和藹。我想，大概他們認為我只是暫時疏散回家作客而已，所以對我還很客氣。可是，日子一久，他們的態度一點兒也沒變。不僅如此，兩位老人家還想盡辦法不讓周圍的人家看見或是聽見媳婦行為之中的過錯和缺點。當我在偶然的機會下了解這回事之後，羞愧得無地自容。

而且，我本以為這種鄉下老阿公、老阿婆，必定是愚蠢迷信的人們。但是，像那些擇日、看方位、符咒、占卦等等，他們家的祖宗一概斥之為迷信而不採行，反而認為日子豈有好壞之分，方位豈有吉凶之別，並謹守這個原則，我也為之吃了一驚。因此，雖然在戰時流行所謂的「千人針」可以保平安，當兄弟兩人被徵召到戰場時，他們認為那是迷信，也不讓兒子配戴。真是讓我開了眼界。

河村家代代相傳遵循的家訓，就是「做人第一大事，詣寺聽聞佛法」。而「工作嘛，只要聽法剩餘的時間來做就可以了。」這一句正是公公的口頭禪，「工作嘛，還有時間做！還有時間做！」公公總是這麼說。我家到最近的一間佛寺，少說也有四公里的路程。雖然並不是自己所屬的檀越寺，也不是在近處方便可達的寺院，但是沒有關係，只要走路可以到達就可以。每次遇到講經時，家裡就唱空城計，連出錢僱來的幫工也全部帶過去。看他們高高興興急忙趕過去的模樣，又看他們高高興興走回來的情景——到底寺院裡頭有什麼好東西？一定是有好東西的！我心裡這麼嘀咕著，也令人好奇想要去寺院瞧個究竟。但是，參拜寺院的那種特殊念頭，一時之間尚未興起。不妨去瞧瞧看吧！我終於抱著這種好奇心，向公婆表示：「今天我也要跟著去。」他們驚喜萬分，就帶我上寺院去了。

那是我生平第一次坐在一間茅草蓋成的小山寺的大殿裡，當時，我所聽的——各位一定都知道——就是《歎異抄》這本書。讚歎奇異！正好是《歎異抄》第三章最有名的地方，即是「唯善人可往生，非也！惡人亦可。」諸佛所要救度的眾生，惡人較之善人，更是救度的目標。我聽了大吃一驚，這種見解與我所接受的基督教義，完全相反。基督教認為，善人為神所救，惡人必須接受神的審判。依照一般的倫理道德來考量的話，雖是理所當然，可是前面的那種說法，超出世俗的觀點，也與基督教義完全相反。

因此，我鼓起勇氣，就在第一次參拜寺院（當時是二十四歲）的時候，跑去找講經老師，坦白說出我自己的感想：我是躲避空襲而疏散回到鄉下的一位基督教徒，到現在為止我一直都認為基督教是最好的宗教，今天只是過來看看而已；今天講經時所說的話，是誰說的？有沒有書可以參考？我就直接了當地問他。由於當初結婚時，附加了不隨夫家信仰的條件，所以，也沒有人開口告訴我有關佛教的一些事情。就在那個地方，我才第一次聽到，我家的信仰是佛教裡的淨土真宗，創立宗派的人就是親鸞聖人。老師和藹的告訴我：今天我所聽到的法語，就在他手上拿著的一本薄薄的書——意譯的《歎異抄》——裡面。這本書是親鸞聖人的弟子唯圓和尚，在聖人圓寂之後二十年或二十五年之間，有感於周圍的人與自己親自聽聞的內容逐漸有了差異，因而發出感歎，寫下了聞法差異的感歎，也就是把自己親身聞法的正確內容如實地寫了下來。如果真是那樣感動的話，就把這本書帶回去讀吧！

於是，接過書帶回家來，認真地反覆看了好幾遍。我是國文系畢業的，科班出身，對於古典文學應該能夠讀一些才是，不過，對於佛教是什麼？淨土真宗是什麼？一竅不通的我，一打開這本書，看到「彌陀誓願，度眾不思議」這些字，什麼是彌陀？什麼是誓願？完全不清楚……！（全場大笑）更何況念佛？就這樣一知半解地一遍又一遍的讀，內容雖然不知道，可是這位偉大的人——親鸞，以及他的人格與心地，都活生生地寫在這本書裡。

特別是從這本書裡獲得我長久以來未能獲得的答案，更是令我興奮不已。各位都曉得，基督教說世界的一切是由上帝所創造的；而由那位造物主所造的我們人類，就必須遵守這個，遵守那個。上帝給人類頒發了許多戒律，要我們遵守，我就是在遵守戒律的環境裡長大的。我非常努力地想去遵守戒律，不過，在學生時代，我開始對各種事物認真思考，發現自己根本無法遵守上帝的律法。譬如，《聖經》說：「愛鄰人如同愛自己。」就是以愛自己的心去愛別人的意思。除了這個以外，還有其他的規定……。我想一條一條好好地遵守，可是檢討起來，我根本無法做到「愛鄰人如同愛自己」，我發現到我自己並不是這種人，可是也沒有辦法向任何人訴說，因為我想既然其他的基督徒都能遵守，為何我無法遵守？口頭上問人家也覺得慚愧，更不敢對父母開口。

我就一直懷著這種煩惱過著日子。想不到我們的開山祖師，大家所尊崇的親鸞聖人，有如剖腹清腸般地，把我多年死抱的那堆膚淺的髒東西——我的煩惱——一下子清除得乾乾淨淨。照理應該下地獄的我，看過他的開示語錄之後，心裡的高興是難以形容的！我對親鸞聖人的敬仰程度，套一句俗話說：「渴望仰慕之至！」

不過，我對親鸞聖人的接觸也僅止於此而已，想要更深入瞭解淨土真宗的念頭則尚未興起。雖然如此，我的公公婆婆兩人在日常生活上，所表現的那種令人覺得不可思議的安樂無憂、超然的人生態度，是那麼表裡一致，不禁讓我想要知道其究竟的原因何在。

因為我對佛教全然不知（淨土真宗也是佛教的一支宗派），於是就向公公請教有關佛教方面的事情。剛好，鄰村有一位從京都退休的佛教學者，公公要我向他求教。而且他也是淨土真宗的信徒，因此我就利用餘暇向那位教授學習。學習期間，雖然對於深奧的義理不甚理解，但總算是粗略地瞭解什麼是佛教了。令我吃驚的是，以往我認為佛教這種崇拜偶像是程度低的宗教，但事實上，佛教卻是重視人生實踐的現實性宗教，這也是我從來所不知道的。此外，我更瞭解到，佛教竟然那麼意外地合乎科學性，是儼然發展出來的深奧精闢的宗教。

基督教無法解答我的疑問

特別是，我遇到了佛教，它解答了一個基督教所無法解答的我的問題。如同前面所說，基督教主張上帝創造世人，因此，當一個人呱呱落地的時候，這個人的命運，就由上帝決定了，這就是基督教的命運觀。當然，我曾經相信過這種說法。可是，在學生時代，我就有了「人的面孔有別，個性也隨之有異，才能也有差別，遭遇也各自不同，上帝在創造人的時候，究竟是以什麼基準創造的，為何會有這麼多的差異？」這樣的疑問。當時我就讀大學的校長，名叫安井哲，是位女士，終身不嫁，是一個非常虔誠的基督徒。有一次，我帶著這些疑問去請教安井校長，問她：「上帝以什麼為基準，決定了各個人不同的命運？」沒想到，她不但沒有回答我的問題，反而以極為嚴峻的表情斥責我：

「會有這些疑問，就是因為妳對基督教的信仰不夠；受到不幸命運的人，就是上帝的大愛，千萬不可懷疑上帝的愛！」

我只得縮頭縮尾的退了出來，不敢再去問了。可是，我並不同意她的說法，「為什麼？為什麼？」這些疑問依然持續留在心裡面。

在我對佛教有一番概略性的瞭解後，自己好好地思索佛教一貫的因緣思想、因果的道理，覺得十分意外，基督教不講過去世，只講現在與未來。而基督教所沒有的過去世，在佛教裡就稱為「宿業」。宿業這句話，包含了許多道理，許多人不清楚會產生誤解，所以不能輕率的解說。不過，當時我聽了解說之後，終於把基督教不能為我解答的問題給解出來了。原來，所謂宿業，指的就是每個人都帶有宿業。不像基督教所說，我是粘土巧工所造成的。我之所以會生在這個世間，是因為我的父母親，而我的父母親的出生，是由於他們的父母親，推而往上……遙遠的過去世之間，每個人都有其宿業。這種複雜且重重環扣的關係，就是基於因果的道理。今天，在此地出現的我，就是依因果的道理而來的。聽了之後，恍然大悟，原來如此！怪不得每個人會各自不同。

話雖如此，到今天為止，我並不會認為基督教是個有問題的宗教。特別是，基督徒把信仰擺在自己生活的中心，以積善上天國的想法，積極參與義工活動，這些基督徒人數極為可觀。對於末期病人安寧照顧的問題，基督徒更是積極參與，真令人敬佩。只是，我並未因基督教而得救。

為何信仰淨土真宗

好不容易才瞭解到，原來佛教是相當崇高的宗教。自小所緊守的基督教，一下子嘩啦啦地崩潰了。代之而起的，雖說是佛教，但是尚未登堂入室，那個時候就度過了一段沒有信仰的日子。目前，沒有信仰也不以為意的人，在日本可以說比比皆是。不過，我的心一直是由基督教所支持走過來的，在信仰崩潰之下，可資替代的，就只能緊抓這個而已。雖然我對親鸞聖人極其仰慕，也瞭解到佛教的偉大，可是在佛教之中，為什麼非選擇淨土真宗不可？一時之間，我又被這個問題絆倒了。

為此，我患上焦慮症，好在目前已經控制住了。那一陣子，我夜晚不能成眠，白天吃不下東西。為此，我向公公婆婆提出了請求：

「我沒有辦法解決這個問題，又因為症狀的緣故，無法兼顧育兒與家事，不如離婚，讓我一個人獨身比較好。」

這樣的請求，公公婆婆當然是不能理解的。他們認為自從我要求上寺院去看看那一天之後，就不再談基督教了，而且也開始學習佛教，也到寺院去聽聞佛法，正在為我的變化感到高興，怎麼又說「不懂！不懂」，真是無法理解。不過，他們用話來勉勵我：

「既然已經有了想聽佛法的意願，那就是被佛菩薩接受的證據。說要離婚出去這件事，實在太令人驚訝了，我們絕不會考慮！家事或是照顧小孩就交給我們，想要到日本哪個地方去聽法都可以！」

我想我真的會被人家說是太任性了，公公婆婆給了我又任性又奢侈的「聽法三昧」。於是，我就去聽人講經說法，想要提出問題與人辯論，心裡思索著各種理由，著實讓人家麻煩透頂。可是，無論他們怎麼親切給我解釋，我都不瞭解。不懂！不懂！……，想要停止這種毫無效果的聽法的念頭，在心裡興起了好幾次。不過，那一次，公公婆婆眼睛閃爍著淚水，向我禮拜勸勉：

「不要只到這裡就停止下來，終有一天佛菩薩會伸出手來接受妳的！要堅持到那個時候，忍耐繼續聽下去！」

與其說是勉勵，不如說是在向我拜託。被老人家這麼請求，我也沒有其他方法，就半生不熟地硬著頭皮聽下去。

我就是那樣頑固，不是一下子就可接受別人觀點的人，不管怎麼說，我總是有疑問。不過，或許是時機成熟吧？自從公公婆婆勸過我之後不久，雖然我勉強自己繼續聽法，可是我感到佛菩薩不管我是否聽懂，早已伸出雙手等待著我這個冥頑不化的人了。我像平時一樣，照常去聽法，也時常找出問題來質問講經的老師。就在這段期間，也不是因為同意講經老師的觀點，完全與此無關——而是領悟到只為一己而活、為一己而求、自己找苦吃，這樣的自我，根本不是為自己而活。在我發現到我之所以能生存著，實在是拜超越人類的大恩澤之賜的那一瞬間，我省悟了！這完全在一剎那之間。

同時，意想不到的事情發生了。雖然我相當尊敬親鸞聖人，也正在追求淨土真宗，可是我對念佛總是感到排斥。公公婆婆是虔誠的念佛人，清晨醒來到夜晚睡覺為止，都在念佛。雖然聲音不是大到會吵到別人，可是看他們終日念佛的樣子，就覺得太嚕嗦了（全場大笑）。

有時候也會感到生氣，覺得在心裡默念不就行了嗎？對於這般討厭的念佛，意識上根本沒有絲毫的好感。可是有一次，我的口中居然發出：「南無陀佛、南無陀佛」的聲音來，聽到自己的聲音，我真是大吃一驚！「雖然念佛是從自己的口中唸出來，可是並不是自己所唸的，而是佛菩薩的聲音。」這句話我聽得耳朵都快結繭了。現在，還有嗎？我心裡想著。全然沒有一絲念佛的意識、最討厭念佛的我，這時又唸出了一聲。聽到那聲音時，只覺得這個被呼喚的身體，被祝願的身體，不自主地回應著。這就是「見佛」——也就是經常說的「迴心」。

從下關到京都沿著日本海行走的山陰線鐵路有一個小站，就是我住的地方，名叫「三見站」。平時聽法回到家的時候，都是太陽下山的薄暮了，公公特地提著燈籠到車站來接我，一直都習以為常。平時回家都是無精打采的模樣，每次，公公都會安慰我：「真辛苦妳了，大概佛緣尚未到吧？」不過，這一天，當火車駛進月臺時，公公一見到我走出月臺的那一瞬間，似乎直覺到我見到佛這件事，高興地對我笑著。我也顧不得那麼多人，飛快地跑到公公前面：

「長期以來容忍我這麼任性，真是太感謝了！蒙您們的福蔭，蒙您們的福蔭……。」

在沿著海岸蜿蜒六公里多的山路歸途中，我的熱淚禁不住一再地流下來。與在家裡等著我們回去的婆婆共三人，就圍坐在圍爐桌旁（當時還是使用圍爐的時候），一面添加柴火，一面取暖，我首次與公公婆婆談到信仰，第一次請他們告訴我有關法義的事情。

公公婆婆很少閒聊，兩人談的話題，都是佛法義理。從前，我經常在心裡嘀咕：「又在談那些法義了！」現在，公公婆婆就幫我作了一次總複習，講了一整夜。

就這樣，讓我有了自省的機會，自己活到現在的所作所為，是何等傲慢！何等自大！我想我應該向以前我曾對他說過錯話的每個人請求寬恕，或許他們會認為我已經變得更謙虛了。雖然我這麼想，可是公公婆婆說，我仍然沒有什麼改變，改變的只是歲月而已，我還是從前任性的我，不過在我裡面，不管何時都充滿著念佛所產生的佛菩薩的呼叫聲。當動怒即將爆發憤怒的言語時，佛菩薩就會發出勸告：「忍耐一下！」當步入歧途時，佛菩薩就連忙喊聲：「危險！」把我們拉回來，在極端悲傷的時候，佛菩薩就會安慰勉勵我們：「不要忘記父母親也同樣與我們一起傷心！」佛菩薩的呼聲每天在引導著我們。這點與基督教時代的我，為了拼命死守戒律而無法辦到的那個苦惱時刻，畢竟是大不相同的。而且，每想到過著多麼溫馨安樂的日子時，就不禁感到我是多麼幸福！

拉雜地談了一大堆，總而言之，這就是我所體驗到的微妙的法——這是我的口頭禪，我相信淨土真宗是世界無與倫比的宗教。若是要我列舉日本民族的代表人物，我絕對毫不猶豫地推舉親鸞聖人，別無他人。有幸能遇見親鸞聖人，秉受他的開示：「唯是念佛！」這是我終身感恩不盡的！

釋尊的出世

剛才，我向各位報告過為何非淨土真宗不可，以及心中最大的疑問，實在就是遭受挫折而自覺煩惱的過去時光。現在就不同了，在〈正信偈〉中，親鸞聖人明白地開示說：「如來所以興出世，唯說彌陀本願海。」這一句相信大家都知道，釋尊為何要出生於這個世間？說來話長，就在印度北方，今日的尼泊爾境內，有一個小王國，出生為釋迦國皇太子的釋迦牟尼，生活在一切齊全無憂無慮的王宮裡。有一次，出城外遊的時候，這就是大家所熟悉的「四門出遊」的故事，遇到了衰弱的老人、生病的病人，以及死去的人——看到了老、病、死的模樣，最後遇見了一位出家的沙門，沙門對他說：

「即使尊貴如王子，一旦出生為人，必定遭受這些惱苦悲傷，而不能免。」

釋尊一聽之下，隨即有所領悟。於是捨棄人人所艷羨的終生一切的優越，離開王宮待在城外出家修行。經過六年的苦行，過著達到生命極限的艱苦修行生活。然而卻無法有所開悟。於是來到尼連禪河的岸邊，再度清洗身體。就此改變方針，放棄斷食。在受過飲食之後，來到佛陀伽耶的菩提樹下，進入禪定，於第三十五日時，即十二月八日——這一天也是日本人不能忘記的日子，頒下宣戰詔勅爆發大東亞戰爭的那一天——釋尊見到燦爛的明星，因而開悟成道。

釋尊悟到什麼？就是佛法的「法」。在一切都遷易變化的大宇宙之中，唯一不變的真理，就是釋尊所悟的法。以這個真理為基準，終其八十歲的生涯傳道教化。傳什麼道呢？就是佛法，也可以說是「拔苦與樂」。隨各個不同之人的煩惱痛苦，給與解決的方法。由於每個人出身的不同，性格也各自不同。為了隨順各個不同的出身個性，而有了不同的種種說法。

當時的印度尚未有文字。在文字出現之前，就靠許多口耳相傳，把口傳的內容彙集起來，就是「結集」，也就是佛經的編集會議。結集的工作，前後一共進行了四次，因而完成了所謂的八萬四千法藏這麼多的佛經。這些佛經被帶到中國，翻譯成中國文字，之後傳到了日本。

隨順各個不同的人，就叫做「對機說法」。對個性剛強的人就以適合剛強個性的法，對樸實的人就以適合樸實個性的法，隨各人而說不同的法。因此，就有了不同的佛經，後世的高僧，就以自己最契合的經作為「所依經典」，創立了一宗一派。於是，就有各種宗派出現了。

我剛剛從基督教轉入佛教時，對於釋尊一個人的教法為何分出那麼多宗派來，感到非常不可思議。而且，在諸多宗派當中，又為何非淨土真宗不可？我們的宗師親鸞聖人，為了追求釋尊所證悟的法或真理——依親鸞聖人所說，亦即「出生死之道」——上比叡山經過二十年的辛勞，也許是不比釋尊差的難行苦行，然而未能有所領悟，因而下山。如眾所知，他把自己關在六角堂裡，徹夜不睡，精進禪思，終於在第九十五天，據說聖德太子夢中來告……。夢中來告這件事我想應該是事實。就在多方引導下，終於與吉水的法然上人見面了。在那裡，親鸞聖人突然停止了苦修，到底是什麼緣故呢？原來他覺悟到像釋尊那般苦行並無法獲得解脫，能夠解脫的就是「悟」。此外，他本來認為只要對經文一字一句拼命研讀，就能獲得解脫，但是，並非如此，因為我們的得救，早已經決定了。

阿彌陀如來——阿彌陀這句話，是印度話AMITĀ，亦即AMITĀBHĀ或AMITĀYUS，是「無限無量」的意思。AMITĀBHĀ，無量光；AMITĀYUS無量壽。絕對無限無量時空的佛，看著世間每一個人，對於那些怎麼教導都無法開悟的眾生，興起憐憫的心，就發了很多大願，為救度眾生而辛勞準備，就好像父母親滿足子女的願望一樣，例如「宿命智通願」是對那些了知「蒙恩託福」的人所發的願。阿彌陀如來的本願有四十八弘願。四十八願中的第十八願，是最重要的一個大願，稱為「王本願」。以下，介紹阿彌陀如來的本願。

本願的意思，用一句話來說，就是「必當來助，至心信樂！」。把本願的意義再加以詮釋的話，就是「感謝您！就交託給您了！」印度話的「南無」也就是這個意思，對佛作禮拜：

「感謝您！就交託給您了！」並稱念佛名。自印度傳到中國，被翻譯成中國文字時，中國人喜歡算筆劃，就把bhā（光）與Yus（壽）兩個意思合併成「佛」字。「阿彌陀」這句「無量」的印度話，並沒有直接譯出意思，只譯其音。此外，又在上面加了「南無」兩字，就成了六字的「南無阿彌陀佛」。

「南無阿彌陀佛」六字是佛菩薩的願力：「必當來助，至心信樂！」我們則以「感謝您！就交託給您了！」來回應佛菩薩的願力，這就是念佛。在念佛的日常生活當中，聽聞佛的本願，稱念佛名：「感謝您！就交託給您了！」這樣的日子是何等幸福！這樣的念佛生活就是親鸞聖人所經歷的。聖人在他的一生當中，即使遭受禁止念佛或是其他迫害，也都到處奔波為我們解說念佛生活的利益，這就是淨土真宗。

〈正信偈〉中「如來所以興出世，唯說彌陀本願海」的「如來」，就是釋迦牟尼佛。釋尊對機說法，說過無數的法，其中最重要的可以說是「唯說彌陀本願海」。釋迦牟尼為了說阿彌陀如來的本願而出生在這個世間，親鸞聖人這般開示我們。

從前，我搞不清楚阿彌陀佛與釋迦牟尼佛兩者有什麼關係，聖人在〈淨土和讚〉中有了明確的說明：「久遠實成阿彌陀佛，哀憫五濁凡愚，以釋迦牟尼佛，應現迦耶城。」——絕對無限無量的阿彌陀佛，化做與我們相同的人間佛陀。看了親鸞聖人這番解說之後，我才明白，原來如此！原來如此！

癌症公公與婆婆的會話

真抱歉！偏離了重要的生與死的主題。我和看過種種不同人生的大家一樣，也遇到許多不一樣的人生。而我的人生中最大的相會，就是遇見了我的公公婆婆。公公很早就過世了，所以我與婆婆一起生活了二十三年。婆婆沒有進過小學，平假名片假名一個字都不會看也不會寫，也沒有什麼常識，經常一個人以自己能聽見的聲音在自言自語著。現在回想起來，拜婆婆的自言自語的福氣，我才能遇到親鸞聖人，遇到淨土真宗。因為稱呼婆婆為「阿媽」習慣了，所以就以這個稱呼來代表她。

阿媽的自言自語，從早晨張開眼睛就開始了：

「啊！今天我的眼睛能夠看得見，手也能夠舉上來，是阿彌陀佛的恩澤，感謝！」

剛住在一起的時候，我覺得這個阿媽有點奇怪。可是，又一點也不奇怪，她對一切事物都以歡喜心來感謝：

「是佛的恩澤，感謝！」

她是把一切都託付給佛的人。

阿媽是因為腦溢血而去世的，她很快就走了。公公則是得了胃癌而去世的。在得知胃癌時，已經太遲了，無法動手術。當時也不像今天有進步的醫療設備，公公就待在自己的家療養，在過世之前的二十天裡，只能喝水而已，其他的東西都吃不下。在我第二次癌症手術時，想到了當時公公與婆婆兩人的交談。一般人都會因為即將告別人生而感到悲傷，因諸多遺憾而落淚。可是，他們卻與一般人不同，兩個人充滿了喜悅在交談著，「我就要回去淨土了，我在淨土那邊等妳！」他們兩人在彼此之間的交談，讓我覺得十分不可思議。當時，在家療養，根本沒有像今日所用的點滴，回想起來，真是何等辛苦！

我在胃癌手術住院的十八日、大腸癌時的二十日裡，無法喝水時，只能靠打點滴來補充營養。而想到公公那個時候，不但沒有打點滴，也沒有注射，只是靠水維持了二十日，那是多麼的痛苦啊！可是公公絲毫不曾表露過任何痛苦。

這並不是誇張的描述，而是真的充滿了歡喜，兩人在共同念佛之中所獲得的歡喜，離別也是暫時，這就是他們兩人在死別之前的交談。我在當時，只是一個剛剛信奉淨土真宗、念佛不久的人，蒙受這段恩澤，能夠聽到這對老夫婦的交談，真是不可思議！

這次，我自己體驗到生死交關的時候，第一次把一切交託給阿彌陀佛，真正的把生死交給阿彌陀佛的慈悲心。而在生死大事託附阿彌陀佛之後所感受的那股喜悅，是我的公公婆婆兩人所恩賜的，除了感謝他們之外，沒有其他方法了！在這段期間，也讓我深深的思考一些問題。平時，認為是理所當然的事，事實上，並非理所當然，而是應該要感恩的。喉嚨乾的時候，就有水喝；肚子餓的時候，就有東西吃，這些理所當然的事，有多少並非是「理所當然」的福氣啊！我卻都忘掉了。只有在生死的關頭上，才會猛然醒悟；事過之後，我又恢復從前我行我素的自我。因此，兩年後，腸癌的復發，再度給我一個思考的機會。

各位所熟悉的那位留下大筆禮物回歸淨土的鈴木章子，寫了一本書，名叫《癌症告知後》，我在第一次手術時，有人送我這本書。當時也有一本書，是因癌症死於任內的檢察總長伊藤榮樹所寫的《人死成灰》，這兩本書被送到我的病床來。因為同病相憐的緣故，所以我就認真閱讀了。鈴木章子的《癌症告知後》，大家都讀過了，在這裡不想詳細介紹，值得一提的是東井義雄所寫的序文，非常有意思。文中敘述接到親切的鈴木章子對於癌症手術的種種說明之信函後，回了一封信：

「諸佛不管在何時何地都一直對我們說法，這就是所謂的『當下說法』。平時健康的時候，我們因為裡面充斥著雜音而聽不到。等到死亡當頭，患上癌症大病，雜音消散之際，無言的說法才會清晰可聞，請將當時所聽的、心裡所浮現的，一一寫下來。」

他的話給與鈴木章子寫作的動機，因而寫下了許多詩歌和文章。

我一面流著眼淚，一面哀泣著今生的死別，也想起了滿溢歡喜的公婆、也想到了鈴木章子的心境，對我而言，癌就是珍寶。真是太愚蠢了！我認為理所當然的東西，卻不是真正的理所當然——能夠再活命下來，是多麼福氣啊！至於何時會死，就不用再去想它了！我在二次腸癌手術時，手術後的第二天，瀕臨死亡的危篤狀態。血壓一直攀升，無法排尿，全身浮腫。當時，我的意識相當清醒。可是，想要睜開眼睛卻睜不開；想要說話，嘴巴也張不開，我體驗到這種情況。周圍說話都聽得一清二楚，大家七嘴八舌直叫著：「不好了！不好了！」從醫師開始到大家慌張騷動的情形，我都非常清楚。雖然清楚，可是眼睛就是睜不開，想要說話，就是張不開口。在這種情形之下，我聽到了念佛的聲音，自己雖然無法出聲，可是念佛的心意卻極為堅強。正如親鸞聖人所說，無論遇見任何事情，只要一心念佛即可，我在當時想到了這件事。

因念佛而生

剛才介紹我的時候，也提到我到歐洲去的事。是的，前一陣子到歐洲去的時候，發現到歐洲各處都有念佛會。無論是比利時、瑞士、德國、奧地利，都可以遇見淨土真宗。對這麼興盛的信仰，真是使我大開眼界。所謂的寺院，只不過在住宅或公寓的一角，莊嚴一處佛法道場。如同親鸞聖人在關東每遇到人就對他不停地說法：

「試試看！現在無論有怎樣痛苦的事情，只要念佛就可以！」他們也學習親鸞聖人這種精神，在對人人說法。我在歐洲時，主要是參訪這些道場。我最感到高興的，就是我的信念，一個基督徒如果有緣遇到真正的淨土真宗的精髓，一定會改變的，我的這種信念也得到了證實。有一位基督教的牧師，他是宗教學家，在國立大學當教授，經過多方的宗教研究後，覺得無法滿足他的問題，因此轉而接受了淨土真宗，成了一個念佛人。還是有這種例子的，真是令人覺得欣慰！

回國前三天，在巴黎，一時疏忽從迴旋梯上摔下來，一直滾到地面，真是糟糕。中途，我伸出右手想阻擋滑落的速度，結果造成右肩脫臼骨折。經過X光照射之後，被告知：

「脫臼骨折了，不能回國，必須開刀。」

沒辦法，只得準備接受手術，進入手術房。那個時候，英語若是粗淺幾句我還可以聽、可以說；可是醫師、護士全都說法語，我一句也聽不懂。就這樣一個人在這種場合，為何我能夠那麼鎮定呢？雖然疼痛得會呻吟，可是不知不覺中我心裡開始念佛。念佛使我忘記了孤寂，有著這麼可以依託的東西，就使我鎮靜下來了。從麻醉中甦醒過來，張眼一看——法國是世界整形外科最先進的國家，而且巴黎的醫院又是一流。對於我的情況，在尚未開刀之前，醫生就先以接骨的方式試看看，結果，手術刀都沒動到，不但骨折接好了，連脫臼也給推回原處了。因此，從麻醉中醒過來的時候，手臂上綁著夾板而無法動彈，不過，一點兒都不覺得疼痛。骨頭接好，脫臼也歸回原位，只在醫院住了一個晚上，第二天就到瑞士的「二間寺」去了。雖然稱做「寺」，實際上，只是一個房間的莊嚴道場而已，在那兒有緣和許多令人感動的人士見面。

回想當時的情形，我認為真正的念佛，除了祈求救助這句話之外，沒有其他。年輕學生經常問我：

「老師！在人生的旅程中，信仰是絕對必要的嗎？」

「絕對必要！沒有信仰的人生，就好像沒有舵的小船在大海上飄流一樣，全然不知究竟會被風浪推到何處，只是毫無目標地飄來飄去而已。千萬不要過著這種痛苦的人生！」

在答覆這位學生之後，我又加上「不過」這句話：

「不過，並不是信仰什麼都好，必須信仰正確的宗教！」年輕學生聽了，立刻反問：

「老師！雖然您這麼說，可是世界上有那麼多宗教，每個人都認為他們所信仰的是正確的。如何辨別哪個對哪個錯呢？」

當時，我不是以我的看法答覆他，而是用我們的宗師親鸞聖人的話來回答。聖人說的極為清楚——每個人都具有由各個不同的自我本能所生起的願望。對於這種願望，若是有一種宗教說，只要你信他的話，他就會聽聽看你的願望是什麼，這種以利益交換為條件的宗教，就是邪義的宗教，是邪惡的偽裝物。真正的宗教，不會以利益交換為條件，而是明辨正確的因果道理，追求真實。這樣才是真正的宗教、真材實料的宗教。——聖人這樣說著。我把上面的話告訴這位學生：

「所以就必須辨別抉擇，若是說信了有什麼利益的話，就是以利益交換為條件的宗教，這種宗教不好。」

年輕學生聽了，照樣反問過來：

「那麼，老師您信仰的淨土真宗，教人念佛，難道就沒有利益嗎？沒利益的宗教，信了也沒有用處！」（全場大笑）

關於這一點，可說非常微妙，那實在是大錯特錯的想法。雖然從來沒有「念佛的話，就給你幫助」或是「給你這些利益」等等的說法，但是念佛卻有極大的利益。親鸞聖人他自己也在〈御和讚〉裡說得很清楚：「念誦南無阿彌陀佛，是世間無比利益。」我自己親身體驗過好幾次念佛的利益。我本身也因深受念佛的恩澤，而發起誓願：

「必定濟度我的，託付給您了！於此世命終時，務必讓我回歸佛國淨土，令我與阿彌陀佛同體！」

阿媽的「自言自語」

阿媽的自言自語，真是給我莫大的啟示。

各位都經常聽到「四苦八苦」這句話，除了生老病死四苦之外，再加上愛別離苦、怨憎會苦、求不得苦、五陰盛苦，共八苦。其中的愛別離苦，是人類最感到悲傷的痛苦。而能夠超越與鍾愛的人不得不分離之悲慟者，就是阿媽的自言自語。

昭和五十年，出乎意料之外，我遇到了丈夫的猝死。沒有一絲傷風感冒，平時以身體健壯自豪的人，結果卻因腦溢血而死，真是意想不到。經常聽到「人生無常」這句話，想不到無常的風卻吹向我們。丈夫死的時候，才五十八歲而已。當我陷於悲傷哀慟的深淵時，想起了阿媽的自言自語。如同前面我曾經說過，她養育成人的兒女中有四人先她而死，而且廝守多年的公公也已經過世。面對這麼殘酷的愛別離苦的阿媽，到底「自言自語」什麼？那就是：

「我們能夠喝到淨土真宗的流水，在念佛當中，能夠與先我們走一步的人見面，與他們談話，不是很有福報嗎？」

我也曾經流過不少的愛別離苦的眼淚，我非常瞭解愛別離的痛苦。當念佛的時候，並不只是佛菩薩的呼喚聲而已，而是能夠與阿彌陀佛成為一體，所愛的人的聲音也可以聽到。

我第一次體會到這種殊勝，是躲避空襲疏散回鄉和公婆生活在一起，所感受的最初的不可思議。四位成年的子女都先她而去，阿媽仍然過著十分平靜、快樂與滿足的生活。是勉強裝出來的嗎？還是沒有感情？當時我抱著懷疑的態度。可是，日後回想起來，原來他們在念佛當中能夠見到死去的子女，也可以與他們交談，難怪生活得那麼滿足。連覺得嚕嗦的我，在百般思索下，終於瞭解原來是念佛不斷的緣故。因此，他們能夠輕易克服子女死別的愛別離苦。

其次就是怨憎會苦。如同字面所述，與怨憎的人見面就會痛苦，若是必須生活在一起更是痛苦，這種痛苦是人際關係的苦。在物質富裕的現代，在那些向我哭訴的學生當中，沒有人訴說因為缺乏東西而痛苦，都是因為人際關係難以處理而哭，也就是因為怨憎會苦而哭。對於這點，如何超越怨憎會苦的痛苦呢？阿媽常常說：

「人嘛，只顧愛自己嘛！」

釋尊對於人性開示得相當清楚：人是自私自愛的一團物。從什麼地方最容易發現到這一點？各位都照過許多照片吧！要是有張團體照洗出來，你會先看誰呢？（全場大笑）最先看的當然是自己！再來就看與自己親近的人。所以人都自認為自己是最可愛的東西，上面的例子就是一個明證。因此，在人人各自認為自己最可愛的情況下，若是有緣聚集在一起，在同一個屋簷下、同一個工作場所裡共同生活、共同工作，如何克服這種怨憎會苦呢？阿媽的「自言自語」給了我啟示。

在我好不容易從基督教徘徊到淨土真宗後不久，阿公就亡故了。我曾經向阿媽說過——當我剛剛從東京疏散回來時，每天晚上拿著基督教的《聖經》到公婆的房間，開門見山地批評說，這種淨土真宗，那種金光閃閃的佛壇，還有敬拜偶像，這種宗教的程度不高！不好！務必改信基督教！當時，他們不但沒有責怪的表情，也沒有任何不高興或感到傷心，而且還一臉笑容，每天晚上聽我講基督教。我心裡想，看他們這種反應，也許我能夠改變他們，就抱著這種期待。然而，他們為何能夠保持那種笑臉繼續聽我講呢？——聽我這麼一問，阿媽仍然是帶著一臉的笑容，笑呵呵地對我說：

「那裡！那裡！一點兒也不生氣，也沒有覺得悲哀或是無情。每天晚上特地到我們房間來勸我們信基督教的媳婦，是因為有緣才嫁給我們當媳婦的，我想，這是如來交託給我們的。」

我聽了之後，什麼話都說不出來。如此而已，一切交託如來。遇到任何事情，一切交託如來。阿彌陀如來立下本願，把一切都交託給如來，這是真正超越自力的法門。

其次是求不得苦。雖然想要的得不到會產生痛苦，但反過來說，得到之後更想再要，這是人類貪求無止的欲望所引起的痛苦。如何超越這種痛苦呢？在阿媽各種「自言自語」中，還是以這個最為有效。今天在這裡能夠跟大家見面，是不可思議的因緣所賜，因此，當作土產送給大家。以阿媽的話來說，就是這樣：「不要想去要沒有的東西，對已經有的東西要懷著感謝。」我們經常對所缺乏的東西拼命地去追求，搞得緊張兮兮，可是對我們這個赤裸裸的一身而言，目前所擁有的，不是很多嗎？不是應該感謝嗎？每年，我都會對畢業的學生說：現在妳們就要畢業踏入社會了，社會生活與學生時代的生活不同，有辛酸、有悲傷，有時更會遇到生死交關的難關。這時，不妨閉上眼睛，只要一閉上眼睛，眼前就黑暗了。這時候，妳們自己再想著：「要是像這樣瞎眼看不見了……。」這樣，任何哀傷、任何辛酸的事，都不能和這個相比。然後，再張開眼睛一看，啊！又回到明亮的世界了，又能夠看得見東西了！妳們必定會有很大的感受；眼睛能看東西，實在是一件令人高興又感謝的事。如果，不幸真的瞎眼了，希望妳們也能因耳朵還能聽而感到高興。如同前面所述，喉嚨乾的時候讓我能夠喝水，這種理所當然的事，心中是何等的感謝！因為我體驗過一隻手無法動的不自由，雖然時間並不長，但是我體會到兩隻手能自由自在地活動，是何等的感謝！

真的！不要想去要沒有的東西，對於自身所擁有的，不但要覺得非常豐富，而且要懷著感謝。

對我來說，認識佛菩薩，讓我聽到了如來的本願，無論發生什麼事情，一切都交託在如來手中，這是多麼令人歡喜的事。因此，即使得到癌症只能活到明天，我也要像我的公公那樣，在癌症的痛苦中，懷抱著喜悅把一切都交託給如來。前面提到鈴木章子的書，在我讀這本書的同時，也看了原檢察總長伊藤榮樹所寫的《人死成灰》。在這本有名的鬥病記中，他把自己搏鬥病魔的經過，詳細的記錄下來，在痛苦的病中能夠寫下這本書，真是難得。不過，書中提到：

「我家的宗教信仰是淨土真宗，可是，在面對癌症的死亡搏鬥中，淨土真宗對我卻無甚作用。」

針對這一點，在這裡誹謗死去的人實在是很不得已的事，不過，這並不是誹謗，我覺得他很可憐。既然是淨土真宗的門徒，竟然在遇到別無選擇的處境時，不知道如何去聽聞如來本願，不知道如何去拜見如來，也不知道把一切交託如來，只有寫下《人死成灰》這樣一本書，我為他感到太惋惜了！

最後，我在這裡期望真正拜見淨土真宗因緣的朋友，對於癌的告知能夠欣然接受，並且以這種事實相互學習、相互勉勵。到現在，我對主治醫師能夠以快活的心情告知：「是癌症咧！得了癌症！」十分感激。今後，仍然必須持續與癌症搏鬥，既然瞭解到自己的癌症體質，我也不敢疏忽。對於我這具能夠念佛的身體，若是發生任何事故，一切都交託如來。能夠把一切交託給如來，是多麼幸福與喜悅啊！

謝謝大家！

④ 預備死亡

——先母週年忌有感

森島正視

病理醫生的經驗談

如同剛才田代俊孝先生所介紹，我從事病理學的研究已經很久了。到現在為止，已經處理過大約二千個死亡的病例。所謂病理學這門學問是怎樣的學問？就是從不知死因的病患身上，經過解剖之後，來研究其所接受的治療是否正確，判斷其診斷是否有誤的一門醫學。

或許有人會認為「二千人？不會太誇張了吧？」事實上，今天我特地把過去的實際業績帶來。這是從昭和五十九年五月十九日開始一直到六十二年四月六日之間的死亡診斷書，裝訂了一百張，一年平均大約有四十具之多。這本是現在正在使用的裝訂本，從六十二年四月開始使用以來，已經用光了。此外，在戰爭期間，實際上處理了二千具左右的死屍。面對各種死亡，真是感慨無量！雖然佛教說「生者必滅，合者必離」，可是沒有人知道自己什麼時候會死。

我今天主要談的，就是如何預先對死亡做具體性的準備。副標題是「先母週年忌有感」，關於這點，將在後面向大家報告先母生前及剛去世時的照片與詩歌。七月二十三日正好是先母的忌日，九十歲去世。而我父親亡故時，已是十五年前的事了，他因為腦中風而死，病發之後只活了十二天而已。像這種急性而且嚴重的病患，醫生在治療上相當棘手。有時，醫生為了救人，日以繼夜不眠不休，簡直忘掉自己的性命，甚至比病人早死。

這種burnout syndrome——不久之前，在阿爾芬思・德根醫生發表的談話中（收錄於《從癌症體驗的人生觀》），就出現過這句話。亦即「燃燒耗盡症候群」的意思——「症候群」這句話，成為流行語。

我的母親在六十二年九月二十三日，剛好是天皇陛下手術的那一天，也是同樣的因胰臟癌而一度陷於危篤的狀態。

我從進入初中開始一直到現在，每天都有寫日記的習慣。因為當時我曾聽到現在是加州大學教授的目幸老師說過，他想志願加入特攻隊，那個時候我也屬於「戰中派」，正處於戰爭期間的役齡階段，徵召令不知何時會發下來，也就是不知何時會死在戰場，所以一天一天所寫的日記，就是我的遺書。由於有了這個習慣，也就維持到現在。

剛剛說過，天皇陛下於九月二十三日動手術，當時我的母親也正陷於危篤狀態。母親的症狀與陛下同樣是胰臟癌，但是醫生並沒有向天皇本人告知病名。昭和天皇的診斷名稱，一直被宮內廳掩飾著，並沒有發表出來。替天皇開刀的，是東京大學的森岡教授，而提出病理學診斷報告的，是蒲野教授。我也勉強可以算是一個病理學家，對於這一點，就在日記上寫下了自己的看法，以紅色的筆寫著：

「這個問題連外科醫生都知道，就是胰臟癌嘛！」

後來，經過半年或一年的時間，我在《朝日新聞》上提出必須把這件事情明朗化的看法。從一個學者的良心來說，這樣寫出來是應該的。光是用菊花屏風遮掩是要不得的想法。我也在日記上這麼寫著。

去年六月十七日，德根醫師來訪問的時候，相信在座各位都看過報導了，那就是他指出「今天厚生省應該正視癌症告知的問題」的消息。我也看過他的許多著作。關於癌症的告知問題，日本的有關當局顯示出「應當正面告知」的傾向。七月十日，名古屋電視臺播出「癌症告知的考慮」這個特別製作的節目，相信有人看過了。在這個節目中，包括都立駒込醫院的院長以及一般人的看法。當時電視的採訪報導中，有人提到「對病人告知癌症固然可行，但是對於存活的問題則不宜說出」——亦即對「此後能夠再活多久」的問題，不可以預告。

如同前面我提過，我的父親因腦溢血突然間就倒下了，我把當時拍的照片從相簿抽出來，請大家看看。為什麼要請大家看呢？——我自己開了一家醫院，我弟弟也是大學醫學院的教授。親戚當中有不少人也是醫生。雖然如此，在我父母親病倒的時候，都沒有讓他們住院，都是在家裡照護。目前，在大都市裡，有百分之八十以上的老人都是在醫院裡死的。我對這樣的死法，頗不以為然。我認為真正有尊嚴的死，應該是在子孫以及愛侶的看守下走完人生的，這才是真正的幸福！

來到我的醫院住院的患者，若是遇到無法再治好的情況，我就會努力說服患者家人把病人帶回家，然後我才去他家出診。不過，這種出診實在非常累人。遇到癌症末期病人訴說痛苦的時候，我們這些開業醫生就會忙得手忙腳亂。除了每隔二小時或三小時要作定期的巡視之外，照顧的家人，經常因為氧氣漏氣的問題，或是點滴的滴流問題，隨時會打電話來詢問。因此，在半夜裡也不得不經常要起床。這種情形，就是前面所說的「燃燒耗盡症候群」(burnout syndrome)。

雖然如此，我的想法認為，在多年住慣的自己家裡，在許多親人的看顧下死去，是最大的幸福。因此，我抱持這個堅定的信念，即使勞累也樂意這麼做下去。

我的堂弟也在瀨戶的地方（愛知縣）當內科醫生，三年前，堂弟媳得了癌症而住院。他的母親已經八十七、八歲了，長期臥病在床，一直都是堂弟媳在照顧，非常盡心。現在，堂弟媳自己卻患了癌症不得不住院。因此，就由自己的女兒回來照顧，這個女兒，也就是我的堂姊，已經六十五歲的年紀，體力上到底是有限的。結果，因為照顧自己的母親，過度勞累而死。這是一個典型的「燃燒耗盡症候群」的例子，亦即「過勞死」。女兒過勞死之後四、五日，臥病的老人家也相繼亡故了。一個星期之間，辦了兩次喪事。在人口老化的高齡社會裡，類似這種情形，今後將會增加。

在我帶來的死亡診斷書當中，今年以來就有十二件「腐屍」的案例。都是獨居老年人亡故之後屍體腐爛的情形，更有腐爛到一半露出白骨的情形。由於屍體爛掉長了蛆，臭味外洩，附近的鄰居在不堪臭味侵擾之下，報警之後找來鎖匠打開門戶，發現屍體已經發黑腐爛了，今年已經有十二件案例了。像這樣的情形，今後將會有愈來愈多的趨勢。

因此，今後要如何防患這種大問題?老人家要相互多結交朋友，組織一個連絡網，經常以電話連絡，同時也要與鄰居往來，甚至拜託鄰居多加留意。例如信箱或是門口堆積了許多信件或報紙，就要確認是不是外出旅行或探視親友。要經常留意是否有異常情況，這是相當重要的。

母親的死與「悲慟教育」

前面已經提過我母親是患胰臟癌死的，這是一種慢性消耗性的疾病。由於我的母親經歷我父親的死，所以在她患病之後，自己估計大概兩星期左右就會死去，於是寫下遺囑，預先做了不少的準備，不過，躺在床上將近半年才過世。我的大嫂及家人都認為大事不妙，情況不樂觀。由於我母親看到我父親的喪事辦得相當麻煩，所以就再三交待，自己的後事要愈簡單愈好。此外，也關心我的工作：

「你是醫師，工作很忙。你父親倒下的時候，看你忙著照顧的情形，實在不忍心。我已經沒有希望了，你要以病人為重心，安心醫治病人！」

所以，我就與我的弟弟兩人輪流，每人每個星期都去探視檢查我的母親。

正好是七月二十三日星期六的早晨，我接到我哥哥的電話，說我母親的呼吸狀態異常，要我馬上過去。我的母親經常交待我們：

「病人比自己的母親重要，要以病人的治療為第一優先。我已經比一般平均壽命活得要長多了，不要耽心我！」

對於母親這種慈愛的態度，我作了一首詩歌：

歡喜己命長　應以患者先　時時常吩咐　慈母今已故

我認為在思索死亡方面，可以分二個方向來探討。亦即，「正面死」與「後面死」兩種死亡方式。

所謂「正面死」的死亡，就是自殺或死刑。關於死刑，刑務處的人員也曾在這裡講過三、四次了（收錄在《死而後生》）。對他們所演講的內容，也有一些概念。有一點很重要的，就是沒有法務省的許可，他們是不能對外公開說話的。若是想要進一步詳細瞭解有關內容，加賀乙彥所寫的《死刑犯的記錄》（中央公論社印行）是值得參考的。這是精神科醫生所寫的。另外，最近，合田士郎所寫的《執行死刑》也出版了二冊。加賀乙彥說：

「受刑者自己並不害怕上絞首臺，害怕的是不知何時要上絞首臺。」

死刑犯最痛苦的，就是等待死亡的這段期間。

雖然我自己看過不少死去的人，真正痛苦而死的人還不到二成，頂多一成五而已。而因精神上的痛苦而死的，也不過二~三的百分比而已。其餘大多數，都是高齡化社會下的老年人之死亡。死亡之中的一部分人，有的是癌症等慢性的衰弱性病患，或是老人痴呆症的病患，據我看來，這種病人根本不會害怕死亡。

我的母親在我父親亡故之後，隨即感到異常寂寞。原本夫婦兩人住在大屋子裡，以一間房間作為隱居之用，自從父親過世後，就經常抱怨：

「像是關犯人一樣，沒有一個談天的對象。」

孫子們都已長大，有上大學去的，也有大學畢業的，根本沒有小孩住在老家。曾孫也住到遠地不在身邊，難怪會感到異常寂寞。老伴走了之後不久，殘留下來的人，就陷於悲慟的狀態。這種悲慟狀態，大概會持續半年之久。

前一陣子，德根醫師曾經說過「Grief Education」這個名詞。的確！「悲慟教育」是相當重要的。在日本，通常醫生或護士在告訴家屬「病人已經亡故」之後，對家屬並沒有給予「善後照護」(after care)。也就是說，對陷於悲慟狀態的家屬，施予「悲慟教育」是相當重要的。目前的各大醫院，完全沒有提供這種「善後照護」。我認為這個問題，不能忽視。

我母親過世後第二天，一位住在附近的四十歲左右的女士來慰問我們，她是母親平日談天的對象，也經常照料我母親。在獲知母親的死訊後，立刻趕過來，陪我們一同掉眼淚，安慰亡者的家屬，讓我們覺得非常感動。

在醫院常常看到那些遭遇愛兒交通事故死亡，或是因病死亡的情景，做母親的明顯有著比做父親的更強烈的悲慟。

這種悲慟的程度，可以用magnitude（會場大笑）來衡量，magnitude這個字大家都只把它想做地震的「級數」而已。除了地震級數之外，它還有「人生重要之事」或「不可忽視」的意義。遭遇最愛的伴侶亡故這種死別的悲慟，可以說好像十級地震那樣強烈的震憾。

僅次於伴侶亡故的大地震是什麼？就是子女的死別。對於父母親的死亡，並沒有那麼大的震動。父母親已經上了年紀，依序輪番的死亡是天經地義的事。可是人生尚長的愛子不幸喪亡，做母親的人，所受的悲慟是筆墨難以形容的。

這種情景看過好幾次。去年、前年都沒有看過這種不幸。大前年之前的每一年，都會遇上一、二位因為洗澡而溺死的例子。發生這種事情之後，母親抱著斷了氣的嬰兒在候診室或診療室來回走動，陷於錯亂的狀態。真是極大的悲劇。在公共浴池找不到孩子，也許自己跑回家了，回家一看又沒有看到，原來沈到放了藥的混濁浴池的池底了，這樣的例子就有二件。也有在自宅的浴槽——最近以來，一種半埋式的浴槽逐漸風行——滿裝熱水，想讓小孩在裡面玩飄船或是其他遊戲。沒想到小孩子的頭大，當他好奇探頭想看的時候，噗通掉下去了，爬不上來。母親以為孩子在外面玩，可是到處都找不到，結果發現溺死在自家的浴槽內。這種例子，在我四十年的醫生生涯當中，看過十幾次。在座各位，如果家裡有小孩子或小孫子的人，洗完澡後，一定要把水洩掉，如果不想洩掉的話，絕對要在浴槽上加個蓋子，以防萬一，這是很重要的。

另外，在戰時，每個人身上都要攜帶註明血型、地址、姓名、年齡的證件，現在則不用了。我經歷過的一個案例，就與這個有關。有一年的除夕，一位老太婆因車禍而死亡。這位老人家是從九州來找她女兒的，除夕夜到公共浴池洗澡之後，在回去的半路上被汽車撞死。男性的話，大多數人口袋裡還有名片之類的東西可以辨認身份，可是女性被車子撞死，就沒有證明身份之類的東西了。雖然交通警察也廣播：

「穿著這樣服裝的女性，因車禍而死亡。家中有走失人口的人請馬上來認屍。」

可是，不見任何人前來辨認。時間非常不湊巧，剛好發生在除夕夜，大家都興高采烈地觀看著「紅白歌唱對抗」，沒有人聽見廣播。警察當局也感到非常棘手，於是向電視臺交涉，請求播出這個消息。不過，電視製作人答覆：

「豈有此理！現在正熱烈地進行著紅白歌唱對抗，像這種年紀的人車禍死亡……我們斷無播出的理由！」

就這樣遭受拒絕了。屍體經過一天的存放之後，家人終於慌慌張張的前來認屍：

「阿婆明明是去浴池洗澡的，怎麼還不回來？」

起初辨認不出來，因為頭部遭到車輪碾壓已經變形，完全辨認不出。雖然服裝非常像，可是……。好不容易從九州趕來的家屬，最後才從服裝上認出來。也有這種例子。

我的瀕死體驗

上個月接到田代先生邀請的信函，信中提到了毛利孝一的事情。毛利孝一是我大學的老學長，他寫過個人三次體驗瀕死的記載。今天我特地把這本瀕死經驗談的書帶來，而我自己本身也經驗過三次的瀕死情景。第一次發生在我就讀舊制中學五年級的時候，當時，我和我弟弟到海邊去游泳，結果弟弟溺水了。我就馬上前往救他，自古以來有一句話說：「溺水的人，稻稈也猛抓。」意思說，即使是善於游泳的人，也不可貿然去救溺水的人，危險性太高了，兩個人都有喪命的可能。

目前正是游泳季節，請大家要特別小心，救人要拿竹竿或是繩子，否則一被抱住的話兩個人就會一起溺死。就在不久之前，津島有一家公司的員工，在木曾川為了救人而不幸溺死，警察單位只送了一百萬日幣的慰問金。總之，絕對千萬要特別小心。游泳季節來到，或許會碰到這種情形，要以自己性命的安全為原則，若是要救溺水的人，一定要帶救生的設備，或是用工具去救。這是原則，千萬要小心。

結果，我也被救上來了。在三次瀕死的體驗中，再也沒有比溺死之前那個時刻更為痛苦的，胃中吃入一整袋的海水，肺臟也吸進了海水——真是太痛苦了！

第二次的瀕死體驗，是在我當了醫生，經過一段研究時期後，以自己作為新藥的人體試驗品。當時，為了看看新藥的反應如何，我叫護士幫我打了一劑這種新藥的靜脈注射。在注射進行中，我就覺得黑天暗地，立刻不省人事。俗語說「討人厭惡的孩子，到社會反而有出息」，所以，我又蘇醒過來了。這是我第二次的瀕死體驗。

第三次是昭和六十二年十二月一日，這個日子我永遠不會忘記。這一次是應救護車的請求，一道前往出診的。雖然去過病人的地方看了病人，也回到家來，可是在出診的途中，就已經有昏眩的現象了，整個過程中都昏昏沉沉的。回到家來，正在填寫病歷表的時候，「叭」一聲就倒下去了。

在前幾次「探討生死問題研究會」所舉辦的研討會裡，有人描述死亡，說是「一種恍惚感」——英語為ecstasy。我在第三次瀕死狀態時，就好像從打開的飛機窗戶飄到外面的那種感覺，真像故事中的孫悟空騰雲駕霧一般。然後就開始劇烈的嘔吐……吐到一半之後，我就不省人事了。總之，我出診回來，填寫病歷表寫到一半就倒下去了。結果被救護車送到大學醫院急救，住院二個星期，每天都吊點滴。我想要從床上站起來，卻因運動失律無法走路。今天各位看到我這副健康的模樣，站在前面演講，絕對想像不到，我出院之後有二個月的時間步行困難，根本無法走路。我自己也經過復健才恢復的。

要治好大病，大體上有三個過程。第一、必須具有求生的慾望，這一點最為重要。第二、即使是病情嚴重的病人，有了強烈的求生意志，就會產生食慾。有了食慾，醫生就會認為「有希望」。第三、就是要有性慾。這個性慾相當重要，是生命的根本。我醫院的護士在巡房的時候，如果那位瀕死重病的病人，不但有了食慾，在護士幫他量體溫或做其他醫護時，也會有些「失禮」的動作，譬如說，捏屁股啦，更色的情況連胸部也會偷襲。我們當醫生的就會拍手叫好：「有救了！」絕對治得好（全場大笑），保證會治好的。死氣沈沈的人，剛好與這三個過程相反，是沒有希望的病人。從一個對女性有興趣的人，漸漸失去興趣，食慾也相對減退，到最後喪失生存意志。病人的表現，如果是這樣全然的相反過程，便是接近死亡邊緣了。

針對「萬一」時的準備

雖然我經歷了三次的瀕死體驗，但是，真正開始對死亡用心研究，則是在第三次瀕死之後。有關宗教的書、哲學的書，以及死亡學的書，我都讀了不少。這就是「如何死」的學問。佛教有一句話說：「活得好就死得好」，也就是指「如何死」這一件事。我認為讓每天過得更美好，就是「如何死」的最佳方法。由於我個人有過瀕死的經驗，所以對死亡的學問就非常用心地加以研究。在這裡，我帶來一本筆記簿，封面寫著：「萬一亡故時的遺言」。諸如喪禮中使用四開大的相片擺置在佛壇上等等，凡是能夠想得到的有關死亡時的各種事項，都一一的記在這本筆記簿裡。當醫生的人比起一般人的死要更複雜，怎麼說呢？萬一我亡故之後，首先第一件事是，手術上經常使用麻醉藥所必備的麻藥許可證，就要立刻向有關機關申請註銷。接著，必須申辦保險醫生的註銷手續。我的太太和兒子都是醫生，醫院要繼承給我太太或是我兒子，都必須辦理名義變更的手續。此外，還有醫院的設備安全方面，在政府的管理辦法上，消防法規裡有種種的規定，也都必須去辦理。所以，筆記簿上就記下如何取得有關的申請表格，以及該向哪個單位申辦等等應注意的事項。

然後就是關於我死後發出死亡消息的通知。親戚方面的資料寫在後頭，因為我是現任的獅子會會長，首先應該向他們通告。再來，因為我與醫師公會也有關係，所以必須馬上以電話向公會的會長通知。再來，我是名古屋大學畢業的，所以也應該向名大醫學院校友會通知，請他們送一副花圈來（全場大笑）——因為繳納了不少會費，所以現在應該討一些回來（全場大笑）。再來，就是向各報社的社會採訪部通告，我曾經擔任過縣議員，就看在「前議員」的面子上，希望能夠免費刊登我的死訊，也可以省些死亡通知的費用（全場大笑）。各報社的電話號碼也都一一記在筆記簿上。再來，由於我平時對「短歌」也有一些愛好，所以也把「短歌社」的地址及連絡人寫在最後面。然後就是一些比較親近的親戚朋友的地址和電話號碼——這些事項，都預先準備。

由於我不是長子，是分家出來的，所以家裡沒有繼承本家的佛壇（譯注：放置靈牌的佛龕）。於是，就在我六十歲生日的時候，特地購置了一組佛壇，為了準備死而買了佛壇（全場大笑）。為了這件事，兄弟和親戚們都大為反對：

「買了佛壇就會多了一尊新佛，這是不吉利的事！」

不過，我向他們說，從前的人過了六十歲就穿紅衣服，以示慶祝活了一甲子，我買了佛壇，不是一種自我慶祝的方式嗎？而且，在平常的時候買佛壇，可以貨比三家不吃虧，能夠買到便宜貨（全場大笑）。要是死後馬上去買，那麼老闆知道是死人要買的，就會抬高價錢，因為隔天就要告別式了，價錢再怎麼高都賣得出去。因此，應該在平常的時候，就要去買佛壇。

此外，自從經過了二次的瀕死經驗後，我就在日常所穿的衣服裡放了一張名片——讓你們看看也無妨——我設想萬一自己意識喪失昏倒在地，為了讓人能夠確認本人無誤，就在附有相片的名片上寫下連絡處；同時，若是遭遇交通事故大量出血時，為了能夠立即輸血，因此也把血型「O」型寫在名片上。

要是不作這樣的準備，萬一有一天死亡突然來臨，會措手不及的。因此，事先防患，作好心理準備是很重要的。一般人都會認為，死亡是他家的事與我無關。可是，從我所處理過的幾千幾百個死亡個案裡，發現到死亡常是難以逆料、突發而來的大事情。至於癌症患者，是一種慢性消耗性的病症，會慢慢的衰竭，雖然能夠推測出某種程度的存活期，但是，也有突發即死的情形。

以我的母親的情形來說，在過世的前一天，都還可以進食流質的食物。想不到隔天呼吸有異，不到三小時就去世了。那一天是星期六，因為我在星期六晚上不看病，所以上午的患者比較多。十時左右，正當忙著診治患者的時候，接到家兄的電話，由於我太太也和我在一起開業，所以就把其他的患者交給她，連忙把急救用的氧氣裝置、注射藥等搬上車子，火速趕過去。原先以為大概不要緊，所得到的通知卻是已經斷氣的噩耗。當我趕到時，尚有體溫。母親經常對我說：

「專心地醫治病人，病人比我更要緊。」

母親對這個還算孝順的兒子，覺得相當滿足。

在我見過那麼多件死亡的經驗裡，臨終的人在最後的時刻都說不出話來。這時候什麼是最重要的事情？就是去握他的手，這是最重要的。脈搏漸漸小了，次數也減低了，由於血液無法在體內各處循環，所以體溫就下降了。這時候，能緊握著活人的手是臨終死者最大的依賴。

我母親的情況，則是在獨居的日子裡，無法忍受深刻的孤獨感。老年人最大的痛苦，就是孤獨感。我對「老年醫學」鑽研了二十年，誠如老年醫學的權威所說：

「老人最大的痛苦，就是與孤獨的搏鬥。」

的確，這是一件大事。因此，如何使老年人不感到孤寂，是老人照護上很要緊的一個問題。

近年來，有關癌症的問題已成為大家熱烈討論的話題。像癌症該不該告知病人，就是一例。最近，有一位決定安樂死的阿婆死而復生的報導，就刊載在今年四月十五日的《中日新聞》上。美國的醫學界對「安樂死」，也有極為熱烈的論爭——因為關掉人工呼吸器並沒有解決問題，這位八十六歲腦中風的女病人死而復生。

此外，七月四日的報紙也報導了一則消息，這是十天前的事，相信大家記憶猶新。它是有關「死的權利」的報導：美國有一對夫婦因女兒成為植物人而向高等法院請求「安樂死」的裁決。這件事發生在密蘇里州，三十一歲的女兒因車禍成為植物人。治療植物人需要龐大的醫療費用，一天要花費好幾萬日幣。幾萬日幣的金額對照護的家庭，實在是極大的負擔，而且一天二十四小時必須隨時在旁照顧。前幾天，電視也播出「在家照護」的特別報導。「在家照護」——請人到家裡來照顧的費用，四小時要八千日幣，任何家庭都無法持續請人照顧下去。連日請人照護，需要很多金錢，還要加上醫療的費用。

——這樣的問題，被發表在報紙上。

事實上，我的朋友之中，就有人遭遇死亡突然到來的不幸事件，各位也都知道。我有一位中學同學，名叫M君。他的太太因病住進「第二日赤醫院」，結果院方誤診為膽結石，因而延誤了癌症的告知，不幸死亡。於是，他就向法院提出告訴。到了最近的五月二十九日，報紙刊出報導，說這是醫師的裁量權，告方敗訴。由於他經常與我往來連繫，因此我對這件複雜的案情極為清楚。為了將作為保全證據的病歷表照片裡的德文、英文醫學術語翻譯成日文，M君與律師到我這裡來了好幾趟，所以對其內容相當清楚。M君的太太，她本身是護士，我想她對自己的情況應該略有所知，當然，這個問題也牽涉到保險的問題。就在發病之前不久，她投保了五千萬日幣的壽險。雖然投保了壽險，可是死亡的太早，保險公司認為投保時已經得了癌症，因此拒絕支付保險金，這是提出告訴的一大動機。

關於癌症的告知問題，對於上個月德根醫師發表的談話，相信大家都思考過，讓我們一同來思考這個問題吧！我認為癌症的告知，應該視情況而定，亦即case by case。接受癌症告知之後的病人，有的人對日後餘生會加以規劃充分利用，有的人陷於痛苦狀態，一想到自己只剩下一年、半年的生命，精神上受不了這種打擊因而自殺，或是意志消沈而加速死亡。癌症的告知，對後者反而有害。因此，我認為不是對所有的病人一概告知。美國在二十年前，對於死亡問題或癌症告知等等都是抱持否定的態度。近年以來，隨著大家的知識水準的提昇，「餘生規劃」的問題受到重視，因而形成「癌症告知可行」的風潮。不過，正如剛剛我所說的，這種問題必需視情況而定，case by case。

名古屋出身的檢察總長伊藤榮樹，他畢業於愛知一中，然後就讀第八高中，最後進入東京大學。他寫了一本書，名叫《人死成灰》，極為轟動。他在書中提到，美國人的喪葬費相當高，貴的棺木從美金一萬元到日幣一百五十萬元不等，他認為人死就變成灰了，沒有必要浪費那麼多金錢。也就是說，既然已變成垃圾，早點焚燒為妙。

我自己自從經歷過三次瀕死的體驗，在過了六十歲生日之後，就做了一個餘命五年的生涯規劃。對六十五歲為止的生命，加以設計考量，這個設計可以滿足活到六十五歲的人生過程。六十五歲以後，往後的生命漸漸縮短，因此，下一個計劃則以三年為期，把三年之間想做的事情預先規劃妥當。六十九歲之後，則每一年訂定一個計劃。如此一來，我想死亡什麼時候來臨，我都不會感到遺憾。

今天，在各位手上傳閱的照片，是我父母親臨終時的照片。我父親的情況是這樣的：似乎在死去的前一天有預感，他是從前極端貧乏的明治時代長大的人，就在報紙廣告背面空白的地方，寫下了一首詩：

平生常精勤　回首所行路　不悔無遺憾　敞心待天命

——寫下了這首像是辭世的詩之後，第二天「叭」一聲就倒下了。使我感到，人一活到某個年歲，就會進入靈感預知的境界。我們也常常聽到，有些人在睡夢中，夢見戰死的兒子站在床前。這類事情，並不是科學可以解答的。

對於「實際問題」的應變，我們家裡就提出「模擬問題」由我本人與太太、兒子全家人共同討論，這種討論是經常有的，稱為simulation（模擬）。在生前就學習死亡的體驗，這種死亡學是嚴肅而且重要的問題。舉例來說，你太太是三十歲，或你先生是三十四、五歲，萬一不幸你因車禍死亡了，你想你的家庭要怎樣生活下去？子女的養育怎麼辦？——以這類問題作「模擬實驗」，亦即預先對死亡做好準備，就死亡學的立場來說，這不是很重要的一件事嗎？

在家裡，我經常測驗兒女們，向他們提出問題：「如果父親去世時，要通知何人？要怎樣進行？」以這種方式對各種不同主題加以研討，我認為這是非常重要的。

有關「死」的金言

現在，我把曾看過的書中我受到感動的地方，摘錄下來供給大家參考。聖路加護理大學的校長日野原重明——我曾經見過他好幾次，也同他講過話——曾經說過：

「吾人於處理死亡之際，如何豐富亡者生命之品質，此一問題涉及醫學、護理、社會、心理、宗教等因素。雖然如此，如何給予置於土器之中之虛幻生命充分之支援，則非吾輩醫療人員莫屬。是故，除醫者之外，更需家屬、宗教家、友人等大家共同參與。然而，此一問題則是日本醫院迄今尚未建立之課題。」

——日野原校長所說的，是非常切合實際的見解。

先前，目幸教授提出了「死的藝術」(Art of Death)的觀念。此外，日野原校長所敬重的一位學者，牛津大學教授威廉・奧斯勒，他對末期照護的「療養院」之理論與實務，付出極大的熱心與研究。奧斯勒教授說過「醫學是一門藝術」這句名言，我是外科醫生，經常說「手術是一門藝術」。迅速、確實、完美是我對手術所主張的「主義」，因此，我認為手術(operation)是一門藝術。

奧斯勒教授說：

「醫學是一門藝術，不是營利。因此，醫學是一種天職，絕不是一種職業。」

——這種見解，真是一針見血之論。

現在的醫生之中，有許多人是「算術醫生」，整天盤算著怎樣才能多賺錢——對瀕臨死亡的病人給與大量的點滴，或乾脆不打點滴，檢查馬虎，敷衍了事。竟然有這種醫生，不如改稱「醫商」算了！就像那些不是政治家的政客一樣，骨子裡就是流氓；或像打著宗教家招牌行神棍的詐騙劣行，真是所謂的「藉佛斂財」(全場大笑)。剛才也稍微提到一些，像一般新生兒的命名費就要五千到一萬日幣；想要排到最高位的戒名，價格從一百萬到二百萬日幣不等。我們當醫生的，即使整個晚上不睡覺，全天候看病，要從健保局領到十萬日幣就很勉強了。所以，那些「賺錢主義」的和尚，真是要不得！難怪日本佛教會被人批評為「喪事宗教」，因此，我對這種情況也不得不加以評論。

此外，阿爾芬思・德根醫師也說過：「處理死亡這件事必須要有一些幽默感」，我對這一句話非常感動。

我收集了五、六則「別離遺言」，也就是人生最後臨終時所說的話語。其一：

「死亡並不是一件恐怖的事。」

——雖然有許多人不畏懼死亡，不過這句話卻是提出「進化論」的達爾文所說的。再者，是勝海舟所說：

「就此告終！」

他說完這句話隨即與世辭別。有名的大文豪歌德，我非常喜歡他，每次到德國都會到法蘭克福歌德故居去拜訪。因為我的弟弟曾經在慕尼黑大學擔任客座教授，所以我也到過德國三次，參加醫學研討會。歌德死的時候，說的最後一句話：

「打開百葉窗！讓更多亮光進來。」

說完之後，即結束八十三歲的生涯。也有人的情況與此相反：

「熄掉燈吧！我想睡了。」

——這是就在最近去世的霍梅尼所說的，各位在電視或報紙都看到這一則報導吧？日本人之中說過相同的話的人，是賴山陽：

「我想睡了，不要吵我。」

從上面幾則例子看來，像德根教授所說的「幽默而死」，在日本人的感覺裡，完全不存在。這可以說是民族性的差異吧！唯一的例子，是《東海道中膝栗毛》的作者十返舍一九，他留下了一首「離別」的詩，我把它寫在黑板上，讓大家比較容易明白：

燃支辭別香　與煙共成灰

像這樣高度幽默的死，不是很少見嗎？

剛好，時間也到了，我就說到這裡為止。謝謝大家！

II

死與佛教

① 在印度所感受的生與死

尾畑文正

嚴酷現實與生命之勇

我是剛才被介紹的尾畑文正。今天的講題是「在印度所感受的生與死」，前半段我要向大家報告我在印度感受到的生與死，後半段則是透過這些生死感受，從佛教來看生死問題。我的演講沒有什麼頭緒，會有前後不連貫或是「不知所云」的地方，請大家以輕鬆的心情慢慢聽我道來。

大家看我嘴上留著鬍子，這並不是因為家人對我有什麼期待而留的，反而是在家人的強烈反對下勉強留起來的（全場大笑）。我留鬍子是從四年前開始的。

四年之前，我就經常去印度了，開始留鬍子則是第四次去印度的時候。好不容易才適應印度的環境——「不得喝生水」是大家所熟悉的保健信條，剛去印度時我也相當注意飲水問題。不過，漸漸的我的身體已能夠適應印度的水，而且，夏天相當炎熱，大口囫圇吞下生水也是迫不得已的事。

當時，我住在海拔三千五百到四千公尺的高地，得了高山症，身體衰弱又喝下生水，以致造成感染流行性肝炎的原因。

回到日本之後，尚有些微的發熱，我想一定是得了感冒。由於喜歡喝酒，每天必須喝幾杯才行，所以把肝臟傷害了。自己也不曉得，還是天天喝酒，更加速病情的惡化。等到上醫院的時候，已經出現黃疸的症狀了。所以，馬上辦理住院。作了肝功能、GOP以及種種檢查，一般正常人的數值是五~三十五，我的數值竟然高達四千二百。醫師認為情況嚴重，他們的醫院無法處理，馬上用救護車把我轉到大學醫院去——就發生了這樣的事。

還好，運氣不差，並不是急性肝炎，於是病情和緩下來。為了紀念這一次生病的體驗，就留起鬍子來。每次摸鬍子的時候，就會想起令人懷念的印度以及印度的種種情景。

我到印度去，首先感受到的是什麼？就是「生與死」的問題。每當不同的人向我問起：「你為什麼每年都要到印度去？」的時候，我總是回答說：「我到印度去，可以赤裸裸地見到在日本所見不到的生或死、死或生。」因為在日本國內無法直接感受到生與死，於是特地花大錢到印度去感受。這樣的說法，只不過是我到印度去的表面說詞而已，真正到了印度，就會清清楚楚的見到生存是一件多麼艱辛、多麼痛苦、多麼悲慘的事。

今天，我參加的這個研究會名叫「毘訶羅」，印度有一個省叫做「毘訶盧」，其字源也是從毘訶羅演變而來的。這個省是印度最貧窮的一個省份，省內有一個小鎮，名叫「巴德納」。我從尼泊爾搭飛機第一次來到這個地方的時候，已經是半夜了，什麼都看不清楚，幾個人商量之後，決定第二天一大早到恆河去看日出。清晨五時起床，租了人力車就往恆河的岸邊出發，沿途看到小路的四周似乎有什麼白色的東西埋在路旁，起初只是覺得奇怪而已。到達恆河時，太陽已經高高的升起來了，回程經過來時的路，這才看清楚，原來白色的東西，就是以薄薄的一條布巾裹在身上睡在路旁的人們。

許多人大概會有一種先入為主的觀念，以為印度是炎熱的國家。其實那裡不是只有炎熱的地方而已，印度北部和日本一樣，是相當寒冷的。在這麼寒冷的冬天夜空之下，身體裹著一條布巾橫躺的人們，整排的睡在道路兩側，事後看到這種情景，著實令我吃了一驚。

這種生活上的苦，亦即印度社會製造出來的生活窮困，到處可以見到。在這樣的社會裡，每個人都在嚴酷的現實中搏鬥著，這種生存力量，到了印度之後，就能感受到。

我盡量地節省旅行費用，住宿方面，只住兩人一晚五百或一千日幣的旅社。兩個人五百日幣的旅社，以印度民眾的眼光看來，還是相當昂貴的。從這一點可以看出印度人民所處的現況，活下去是多麼嚴峻的事，這是從印度本土的現實上可以感受得到的。

至於乘坐巴士方面，在巴士裡面看不到像日本人乘車看報紙或閉目養神的情景。車內相當擁擠，根本沒有可以睡覺的充裕空間，客滿時連車頂上也坐上了人。每個人的臉上都掛著一股克服嚴峻現實的生命活氣，令人看了不禁肅然起敬。在日本，以地下鐵為例，每個乘客都是掛著一張疲憊的臉。疲倦地去公司上班，疲倦地從公司回家。也許工作這段時間生龍活虎，但是工作之前或之後，一副疲憊不堪的模樣，絲毫看不出活生生的雄姿——與印度人的活力、旺盛的生命力相較之下，有十萬八千里的差距。

焚化屍體的現場

我現在開始要講的，並不是只是發生在印度才較為特別，而是在日本的社會也可能存在的現實情形。不過，今天主要以印度為話題。

我在印度第一次看到「路倒者」，是在貝那雷斯這個地方。貝那雷斯是位於恆河旁的一個城鎮，也是印度教的聖地。從印度各地來到貝那雷斯作一生一次的朝聖沐浴的人相當多。祈願下輩子——所謂「Next Life」（來生）——能過著更幸福的人生，全國各地的信徒紛紛來到此地朝聖。

我就在這個聖地目擊到「路倒者」。在貝那雷斯・堪德火車站前，只見一位女人橫躺在地上。在印度，你可以看到許多人躺在地上，不知是在睡覺，還是倒下來了。不過即使是一條狗躺在車子往來的地方，看起來動也不動，似乎是被壓死了，但車子一靠近時牠就會主動閃避過去。但就這樣，在如此溫暖的日子裡，橫臥街頭的人也有數人。我在人叢之中開始懷疑那位女人是不是正在睡覺？可是，她並不是在睡覺，詳細一看，臉上聚滿了蒼蠅，還未真正死去，尚有一絲微弱的氣息，是「路倒者」無誤。也不知是誰擺的，只見到她嘴旁放著一根香蕉。看到這種場面，我覺得十分驚訝。拿印度與日本作比較是相當奇怪的事，然而這種事情要是發生在日本，救護車馬上就開過來的情況是可以想像的。當場，不禁讓我感慨萬分。我只是一個路過的旅行者，要趨前去探視她嗎？或是什麼地方有電話……哎呀！連電話怎麼打都不會，要怎麼辦才好呢？我只是遠遠地旁觀而已。四周的人若無其事從旁邊走過去。看了這種情景，真是令人浩歎：這是個怎樣的國家！

此外，在以貧民窟聞名的加爾各答，也看到橫臥在自己的便溺中的「路倒者」。

也許這些路倒的流浪漢，在臨死之前會受到妥善的照顧吧！我想到了德蕾莎修女所設立的「歸途之家」——能夠讓這些無家可歸病倒路旁的臨終者，有個安靜往生的地方。這種「歸途之家」的設施，並不是給與路倒者治療、復原的地方，而是讓其靜待死亡的地方，這種設施便稱為「德蕾莎修女之家」。

這種殘酷的現實，不只發生在印度，在日本路倒者也到處可見。特別是東京、橫濱、名古屋、大阪等大都市，都設有宿留場。這種宿留場，是失業的人或是沒有儲蓄的人無法找到當天住宿時的露宿場所。露宿又稱為「青寒」，青寒最嚴重時，凍死、路倒的人，每年好幾十人，更慘的時候也有幾百人，今日的日本也有這種實際的慘事。附近的笹島的宿留場周圍，也有一些失業的臨時工人在那邊露宿，由於生病無人照顧，悄然命終的情事，每年都曾發生過。因此，不能說全部都是印度的問題。只不過在印度是活生生的現實，日常可見而見怪不怪罷了。只是，這種生存的嚴峻與死亡的事實，在世界各地都同時存在著。

印度的恆河流經剛才所說的貝那雷斯，這個城鎮為全國各地來此沐浴恆河的朝聖者設置了沐浴場。聽說一共有六十幾處的沐浴場，但是印度社會的種姓制度極為嚴格，並非每處沐浴場都可以進去，必須依不同種姓使用不同的沐浴場。在這六十多個淨身處的南北兩側，都設有焚化場。觀光客要到沐浴場參觀，必須在火葬場停車走下河岸，然後再步行回到巴士停車的地方。我個人到印度去的時候，在一處沐浴場北側的火葬場待了一個鐘頭。看到了實地焚化的情景，實在令我為之驚歎不已。

我是一間寺院的住持，偶而也為信徒主持喪葬儀式，即使去到了火葬場，通常在火化之前就離開了。因此，從來沒有看過屍體火化的實際情形。去撿骨的時候，也只看到已經燒成骨灰的模樣，所以對於火化人體的現場，我是第一次在印度親眼見到，也因此，所受到的震撼，極為強烈。

焚化就在眼前二、三公尺的地方進行著，旅遊者之中，有人從點火以至燒成灰為止，一直待在現場觀看。對司空見慣的印度人而言，根本沒有人會一直待在那邊觀看或若有所思。不過，像我們這些遠地來的旅遊者，就會站在那裡一直靜靜地觀看這個人死燒成灰的景象。在這種焚化的過程中，不由得對任何人都會死後成灰的現實，更有一番透徹的體悟，是一個極端震撼人心的地方。

火葬場就建在貝那雷斯市住宅區的附近，從火葬場走上來，不消十公尺就是公寓式的建築物了。就在其中的一個角落設立了「歸途之家」，收容了自印度各地前來此地，想死在恆河邊、火化於恆河邊及讓骨灰葬於恆河的臨近死亡的人，在那裡靜待死亡的來臨。總而言之，火葬場或屍體的焚化場就在住宅的旁邊而已。在這裡，死亡是日常可見的平常事，我只能為之浩歎不已。當初被問到：「為何到印度去？」時，我總是回答：「因為在印度可以讓我們赤裸裸地看到人的生與死。」亦即，人的生與死，在印度是毫不遮掩、毫不隱蔽地全然呈現在我們眼前。我對這種把死亡內在化的印度文化，有極深的感觸。

家姊的死

日本的文化，從某個角度來說，可以說是「活著就是疲憊的延續，死亡就是隱匿的延續」的一種文化。我認為這種忌諱死亡、遮掩死亡的心態，正是形成日本文化的土壤。就這層意義而言，只要自己的家人或親近的人沒死的話，我們根本都不會想去碰觸死亡這個東西。此外，如同我們這個研究會曾探討過的不同形態的問題裡，也提到在現代醫療技術下，能讓病人躺在床上、在大家的照料下往生的情形，是那麼地少。在我的周圍，根本看不到這種事情。在迎接自己的死亡，或送別他人的死亡之際，能讓人清楚思考死亡的文化土壤，在我們日本是找不到的。因此，究竟死亡是剝奪了我們的東西，或是還給我們東西之類的思考性問題，成為今日的大問題。我們這個研究會中，有人曾經發表過，說「死亡是我的事，不是別人的事」，亦即「我自己的事」；但是，以「自己的事」的認識來迎接死亡，在今天的日本到底是不可能的。

因此，我在印度特別感受到的生與死，直到現在還是非常的強烈。

以上所說的，是前半段的話題。接下來，我想就「生死問題究竟是怎樣的問題」，向大家說明。

我研究佛教，從中深刻地感受到我們的生與死之形態，是一種被切離的「分段生死」。亦即，一般人所謂的「生與死」，並不是把生與死都當成自己的事，而只是接受「生」而已，所以就在生存期間，拼命地追求欲望。你們若看到我的一週作息或是我的生活態度，一定會大吃一驚。並不是利用每一寸光陰來用功，而是利用每一寸光陰來尋找喝酒的機會……（全場大笑）。

雖然在貪慾中追求生存，可是對於自己的死亡卻一點也不去思考。我的肝臟曾經一度被我徹底地損壞掉，醫師說：「既然你想看看壞掉的肝……」於是，刻意切開我的腹部，讓攝影機拍攝手術實景。即使如此，我並不因肝臟損壞而有所警惕，還照常喝酒無誤，這不是一點也不考慮自己的死嗎？從這個層面看來，在我的意識裡，只想盡量享受生命而已，對於死亡則隱匿不睬，不去想它，也不去看它，總是認為死的是別人不是我——這是真實的情形。因此，在我的意識裡，生與死是對立分裂的兩回事。

所以，在只有追求生存而不思索死亡的生命——我的生存品質裡，事實上只不過是由空洞的生命所堆砌的生存現實而已，這是佛陀的教導所啟發的。我把生死切斷分割，隱匿死亡而謳歌生存的生命方式，其本質究竟是什麼？就在如此不斷地追問下，佛教給了我教導與解答，這就是我所學到的佛陀的教示。而佛陀的教示的核心，就是生與死的問題。我想以這個為重點，向各位報告。

我現在想要說到兩個人。首先，最先教我知道生與死，特別是通過死亡來教導我生命的意義的人，就是我的姊姊。說到自己姊弟之間的事情，是蠻感性的，我想我必須自我克制一下，盡量輕鬆地談。我通過自己的姊姊的死，然後才真正的對自己的生命開始認真思考、認真學習。

我姊姊大我五歲，十七歲時亡故。自小就得了小兒風濕症，以致從小學的高年級起就開始過著長期臥床的生活。每天看著長期臥病在床的姊姊，誰也不會想到姊姊居然會死，母親、父親以及兄弟們，沒有人料想到她會那麼早死。大家都認為，她只是患上風濕病，腳無法動彈，身體成了殘障，被迫過著嚴苛的生活的姊姊而已。大家心目中的姊姊，卻在一瞬之間死去，不能不說是極大的衝擊。

她怎麼死去的？就是因為伊勢灣颱風的緣故。伊勢灣颱風襲捲我們這個地區，相信在座當中有不少人經歷過這次的大颱風。

當時，姊姊是個臥床的長期患者。由於堤防潰決，洪水淹進我們家時，已經淹到姊姊的床下了。這下子不得了——我們住的房子是平房，趕緊把她抱到壁櫥內的高隔板上，可是洪水還是不斷湧進來，不趕快想辦法不行，於是向鄰居求助，請求讓姊姊到他家去避避洪水。

姊姊說：「不要管我！你們趕緊逃生去！」雖然她這麼說，我們怎能忍心置她於不顧？她那一句「你們趕緊逃生去！」，到現在還清清楚楚地在耳際迴盪。然而，在搬運姊姊避難的途中，由於洪水不斷升高，姊姊不幸落水了。一直長期臥床的姊姊，落水之後喝下大量的水。因為當時喝了水以及泡在水中的緣故，第二天的夜晚就去世了。

未曾想過會死去的姊姊卻死了，家人都非常驚愕。姊姊去世之前，為了醫治風濕病使她恢復健康，家人曾帶著她到處求醫。可是，每次都一樣，最後還是無效。母親認為無論如何也要治好她，於是就四處向宗教尋求靈方。曾去找過專治疑難雜症的宗教，我也曾經跟著母親一同前往。結果，「像這種症狀，可以醫好，要有信心！」回應我們的都是這幾句話。

能面向死亡嗎？

現今有各式各樣的宗教形態，當時走訪過的宗教，大部分所指點的事，我都經驗過——「得了這種病，是由於沒有祭拜祖先的緣故」，所以就祭拜祖先；「得了這種病，是由於名字取得不好的緣故」，所以就改了名字；「得了這種病，是由於墓的座向不好的緣故」，所以也把墓的座向改正了；「得了這種病，是由於房子的格局不好的緣故，廚房的位置不對」，廚房……沒有改，因為房子是租來的（全場大笑）。這是唯一沒有依照指點修改的地方，雖然說房子的「房相」不佳，只有這一點無法修改，其餘各點都修正過了。「只要這麼做的話，就能治好」，就是根據這句話而不惜一切依照指示東修西改。這麼做都是為了醫好姊姊的疾病，希望她能多活幾年，因此不惜耗盡金錢。

雖然做了種種的努力，可是老天爺似乎無視於我們家人，特別是母親的心情，一陣颱風就奪走了自己的女兒——我的姊姊。從此以後，我就經常思索一些生與死的問題：想盡辦法延長生命或醫治疾病，亦即生命的擴充，擴大我們的生存，像這樣擴大生存慾望或是延長生命方式的教導與見解，不是一種欺騙嗎？不是一種詭異嗎？生命應該不是這樣的！我們必定會死的，不管何時何地的人，都有死亡的時候；若是無法契合這個死亡現實的宗教，是與我全然無關的宗教——之所以會有這樣的想法，完全是肇因於我姊姊的死。

我姊姊在臨死之際，雖然非常安然地離開人間，可是，當時卻時時唸著：「要是能多活幾年，想出家為尼！」「想研習佛教！」那個時候，我認為佛教就是辦理喪事或法會的宗教，對於姊姊臨死之前所說：「自己若能活下去的話，想研習佛教、出家為尼」這句話，根本不甚瞭解，因為我總覺得佛教或是宗教是死後的事情。姊姊則不是這樣想，「若是能多活幾年，想研習佛教」——這句話一直留在耳際。只是，姊姊已經去世了。

當我向母親問起這個問題的時候，她說姊姊曾經說過：「姊弟之中，要是有一個人研習佛教的話，那該多好！」聽了母親這麼說，一時之間，我感受到一股無形的壓力。我經常欺負姊姊，我是個欺負長期臥床的姊姊的人；對姊姊來說，我虧欠她太多了，她居然一點都不懷恨，而且說了這樣的「遺言」。因此，她的話一直烙印在我的心中。真的！佛教是為了我們的生存而存在的，姊姊教了我這件事。

受到姊姊的影響，我開始想去了解佛教、學習佛教。事實上，我在當時還不瞭解什麼是「生存」。就在我大學沒考上重新準備的那一年，正在對前途徘徊時……事實上，我在高三的時候，想要當一名新劇的演員（全場大笑），想當一位舞臺的演員，我的想法可真隨便（全場大笑），反正，我就是想當新劇的演員……。那時候有位朋友來找我，他問我：「你是為什麼而活的？」為什麼而活？這種問題我從來也沒有想過，不過，我倒是很怕死。這麼回答之後，朋友說：「你這個傢伙，連自己是為什麼而活都不清楚，倒不如死掉算了！」我說：「死，太恐怖了！」那位朋友說：「什麼話！死，太簡單了，我教你死的方法。」就教我怎麼死的方法了（全場大笑）。聽了我更加恐怖，為什麼？因為我的一位朋友就在一個星期之前，因為被問到同樣的問題而自殺了。同樣是向我發問的那位朋友問他：「你究竟因何而生？」居然因為答不出「為什麼而生」就自殺了。可是，我也和那位自殺死掉的朋友一樣，被問到同樣的問題，我活著是為了什麼？我是為什麼而活？當時，我拼命地思考，卻想不出所以然。

朋友說：「你這個傢伙！連自己是為什麼而活都不清楚，倒不如死掉算了！」這件事情一直盤旋在腦海中，此後，當拼命思考「所謂生存是什麼？」、「自己究竟因何而生？」的問題時，就想起姊姊說的話來。姊姊說過：「自己要是能多活幾年的話，想研習佛教。」這句突然想到的話裡，有「佛教」這個字眼，或許是姊姊把她的生存意義教給了我的緣故，雖然我的想法非常膚淺，但是開始想要去學習佛教了。

因此，我就這樣學習了佛教。能夠將生命的根本意義教給我們的，我相信那就是佛教。不過，體悟出這番道理，則是相當後面的事了。在學習佛法的過程中，由於對死亡的不安與恐怖，以致不能得到真正的自由。當時，對於生與死，特別是死亡的問題，我總認為死就是一切皆終了，死後什麼都沒有了。由於陷於虛無主義之中，因此，我對死亡感到不安、恐怖與痛苦。所謂死亡，就是終歸於空無，無論生前做了什麼都要化為烏有——我就被這種想法給糾纏住。

我在京都的大谷專修學院接受了一年的僧侶養成教育，當時的院長是信國淳先生。他寫了一本書，叫做《生命屬誰》，或許有人看過這本書。我們畢業的時候，大家都相互在紀念冊上題字勉勵，信國院長寫了「於念佛之中再相會」這句話給我留念。

「於念佛之中再相會」到底是什麼意思呢？就是說一旦畢了業，我們這群畢業生或許不能再見一次面了。畢業生之中，有人在畢業之後也許不久就亡故了，這是有可能的事。因此，我們在此地離別之後，或許不能再見一面也未可知，這是我們一般的常識性想法。所以，就抱著今生最後見面的心情，道聲：「請多保重！」從此各自分離。在這個層面的意義上，我們在日常之中人與人之間的見面，就是必然分離的見面，所謂「天下沒有不散的筵席」，有見面必有分離，這種有合必有分的見面，我們稱之為「相會」。但是，信國淳院長教給我的，我認為是「不會有再度別離的相會」，這就是法然、親鸞等人所開示的「念佛」，亦即，沒有別離的世界之覺醒法門——念佛法門。信國先生以「於念佛之中再相會」，把念佛法門教給了我們。

我們口中雖然說「在那個地方遇到了那個人」、「難以忘記與那個人的相見」，這種相會是有別離的相會。然而，真正的相會是沒有別離的相會。也就是說，不會再次別離的相會——念佛，是信國先生向我們開顯的法門。

我們在這裡說「生」說「死」，我想把「將死而生」的意義再釐清一下——我們的死或生，其開始是生，其結束也是生，亦即，以死亡作結束的生命，就是生存；以死亡作結束的生命，在我們日常所說的意思，就是「生存」。因此，把生存的意義加以釐清的話，在佛教裡，就是「無量壽」的「壽」字所指的生命問題。

為何不是「往死」而是「往生」？

我所修習的親鸞聖人的佛教，是以《大無量壽經》為根本經典。所謂「無量壽」，就是對無限生命的覺醒，也就是我們的生命的課題。因此，我們在有限生命的生存當中，去覺醒無限的生命。若是不站在這個觀點上，任憑你怎麼努力地去研究、探討死亡，也將終歸於無法再與任何人相會的個人獨亡。

因此，本研究會的宗旨就是「通過死來思考生」。此處所說的「生」，是真正豐裕的生命——換句話說，「通過死來思考生」的「生」，就是如何去發現與獲得不再別離的生，這才是我們的真正問題，也是我今天在這裡想向各位報告的主題。

我想以信國先生所說的「於念佛之中再相會」這句話為線索加以探討。我們通常所說的生或死，就是指某時出生某時死亡的有限生命；這種生命因為受到「有限」的限制，所以一旦死亡就到此結束——人死成灰。雖然我們以這種形態生存著，但問題是我們如何藉著對這個有限生命的探索，回歸到「於念佛之中再相會」的新生命。親鸞、法然所開顯的佛教針對死亡問題，便以「往生」、「淨土」的方式向我們作了開示。

想想「往生」這句話，若是親鸞或法然等淨土宗的祖師，認為生命是死後即終、死後即無的形式，那麼，就不會有「往生」這個概念了。換句話說，「往生」這句話向我們顯示出本質不同的生命。「往生」的「往」字，是前往的「往」，如果往生只是一般人日常所認為的死，那麼，寫做「往死」不就好了嗎？例如，寫做「往死淨土」——到淨土去死。當然不是這種意思，所謂「往生」，就是獲得嶄新的生命之意，「往而新生」就是「往生」的意義。

「往」這個字，出自《大無量壽經》，經中有「超絕去往生安養國」這句話。而在親鸞聖人所寫的《尊號真像銘文》一書中，就有這句「超絕去往生安養國」的解釋。根據這本書所寫加以思考，所謂「超絕去往」，就是一切都超、絕、去、往之意；換句話說，就是超越怎樣的世界？絕離怎樣的世界？去到怎樣的世界？前往怎樣的世界？

我們以自我意識來切斷生與死，意思是說，反映在自我意識上的所謂生與死，是分開各不相干的。可是，我們的肉體與此無關，大限一到隨即命終，這是事實。

因此，「往」字就有永久生存、永久年輕的意思在內。雖然夢想永久健康，事實上，希求永生，總是歸於死亡；希求不老，總是歸於老邁；希求健康，總是歸於病痛——人們就在這種矛盾對立的意識之中過著痛苦的日子。而藉著超越、絕離這種矛盾對立的日常意識，去到、前往、生於安養國，就是「超絕去往生安養國」這句話所要表達的意思。

因此，「往生」的「往」字，就與田代先生所寫的《親鸞的生與死》這本書裡所出現的

「分段生死」這個字眼所代表的意思一樣，在藉著超越我們所意識的生命，去發現更為深廣的生命，「往生安養國」。此處的「生」，並非只是生於抽象的世界，而是生於所謂「安養國」的世界。

至於生於怎樣的世界？依親鸞聖人所說，就是生於「願土」。願土，就是誓願的世界，實現生命願望的世界。我認為生命具有生命的方向性，我們之所以生存，不單是生物性的因素而已，還因為生命具有方向性的緣故。至於究竟是怎樣的方向性呢？那就是「願力」。依願前往、依願往生的「生命」再度回歸到「我」——這是親鸞上人所揭示的往生之重要關鍵所在。因此，如果我們把往生視為是「死後的世界」、或是「死亡」，也就是一種「分段生死」的見解，這樣的見解是無法見到自己的生命的。更為深廣的生命，必須藉著願力才能實現。若是不去接觸這種願力，即使活了百歲，也不能算是真正的活著。雖然只是活十年、五年，但是獲得真正的生命，這就是接觸到這種願力的緣故。佛教稱這種生命為「真正的生命」。若是不能接觸到這種願力，我們只不過虛度人生而已。

那麼，到底「願力」是什麼呢？願力就是能夠實現人類真正的自由與平等關係，這就是此處所說的「願力」。

這裡有一個實例，為何我要這麼說？因為這也是姊姊給我的啟示。姊姊因病而長期臥在病榻，有一次我們正在吃飯時，姊姊拿著一把小手鏡，從鏡子裡面來看我們吃飯的情形。當時我很生氣，立刻朝她吼叫：「不要那麼可憐兮兮的！」馬上搶下她的鏡子。

在我學習了親鸞聖人的佛教之後，才體悟到原來姊姊並不是度量狹小，並不是因為自己是病人而懷疑健康的人到底在吃什麼，而用鏡子偷看。原來，姊姊想藉著鏡子來表現出想要成為一名正常的家庭成員的強烈願望。她長期只能生活在一塊榻榻米上，在這塊榻榻米的生活當中感受著外部的世界，透過對世界的感受，建立起自己也是生存在這個世界的「人」的信心。因此，我的姊姊想透過鏡子，每日對存在的自我與世界共存的事實加以確認。然而，愚昧無知的我卻對她吼叫：「不要那麼可憐兮兮的！」

在姊姊的日記裡，有一段話寫著：「兄弟之中有人欺負我，真是悲哀！」前一陣子，我回到母親住的地方，母親對我說：「我找到你姊姊的日記，要不要看？」我回答說：「謝謝！不用了。」我並沒有看過日記。我問母親：「上面寫了什麼？」母親說：「日記上寫著：『兄弟之中有人欺負我，這令我感到悲哀。』」我立刻反應：「那裡？我並沒有欺侮她！」（全場大笑）

總之，姊姊手中握著一把手鏡來尋求自我存在的根據，這個慰藉竟然被我剝奪了，難怪她會發出悲嘆。

與世界共存，人與人共同生存就是「生」。亦即，「生」不是個人的「生」，「死」也不是個人的「死」。關於這點，我想再加以說明。一般都說「死是我的事」、「生是我的事」，不過，生死卻超乎「我」。事實上，我們出生在更為廣闊的世界，也死在更為廣闊的世界。獨自一人的死，或是獨自一人的生，是見不到生命的深廣以及死亡的深廣的。結果，對於他人的生命或他人的死亡漠不關心，甚至對於該殺的現代社會之死亡，也無能批判。若不能覺悟到自我的生與死是與這個廣闊的世界有關連的話，那麼，自我的生死，就如一般人的生死一樣，獨自一人陷於黑暗、哀傷、痛苦與孤寂之中。因此，我們在生死有限的生命中，必須持續對深廣的生命加以體悟。關於這個問題，我就以淨土真宗所說的「往生」或「往生淨土」來表達。而從我姊姊躺著的身影，通過對這樣的世界之覺悟，能夠滿足地生、滿足地死，這就是「往生」的意義。

在我們的時代環境裡，充斥著奪取我們生命的「系統」。例如戰爭或環境污染，正對人類社會肆虐，奪走廣大的人類生存空間與數以萬計的生命。在這種現實問題逼進之際，如何回歸人類本具的豐富深廣的生與死，我認為積極弘揚佛法才是解決之道。

以上，我所講的「在印度所感受的生與死」，就到這裡結束。謝謝大家！

② 亡者的啟示

和田正之

我是剛才主持人介紹的和田。

只要我一站在快去世的人面前時，就會不知所措，從前如此，現在還是一樣。前天，我到八幡醫院去探視一位病危的人，他是附近一間寺院的前任住持，七十四歲的老先生。我探視他的時候，他正不斷地喘氣，由於喉嚨被痰堵住，呼吸極為困難，似乎快沒有意識了。我向他的太太及媳婦致意：「辛苦了！」她們示意叫我站到他的床邊去。平時蒙受這位先生的許多照顧，站在病床前面對著他，我只能說聲「謝謝」而已，其餘不知要說什麼才好。

他的門徒或是有關係的人士經常來找我：「現在，我們的○○是這樣的狀況，能不能麻煩你幫忙一下？」或「能不能請您過來商量一下？」剛才我也說過，遇到這種場合，我真是不知所措。可是，既然被請託了，不得已只好硬著頭皮出門。最近以來，我經常站在病床前為臨終者開示，出門時我就對自己說：「只要聽習慣就好。」所謂聽習慣就好，例如，站在僧侶的角度，就會抱著弘化的想法，從開頭就說些說教的東西，可是，這一點我卻做不來。我認為對臨終者說教，是一種傲慢。瀕臨死亡深淵的患者，到底在想什麼？心裡有什麼問題？或是如何看待此時此刻的自己？我認為去聽聽臨終者想講什麼，或是去瞭解他們的意願，是更為重要的事。

怎麼說呢？因為我是一個不敢面對自己死亡的人，明天想要活下去，後天也想要活下去！明年也想要活下去！這樣的人怎能與一個面臨死亡、苦求生命意義的人，在思想上產生共鳴呢？而這一個見解，是我從許多人身上學習到的。

臨死者內心的呼聲

因此，如果有了能夠呼應臨死者的煩惱或內心的不安的事物，或許當場就可以滿足臨死者的意願。但是最重要的，不要忽略掉臨死者也是一個「人」，他想訴說他對骨肉親人的苦惱與不安的心情，或是對出生為人所受的種種悲苦。對臨死者採取這樣的態度，是極為重要的。在這個前提下，我以自我為學習「我」——人——的場所，通過了種種的關係，在自我之中不斷地確認。如同前面所說，我站在臨終者面前就會不知所措，因此我儘可能不到那種場合去。我在不斷思索這種問題當中，活到現在。

在這樣的關係中，我真的學習到了重要的東西。以下，我一面夾雜著自己的看法，一面向各位稍微報告我的受教經過。

前面也稍稍提過了，人處於時時刻刻的死亡威脅，在無法預知死亡之間，卻不得不面對死亡的狀況下，在得知明日的生命無能保證時，此時就會興起探索「生存的意義是什麼」的念頭，這是自現實中學習到的。「人生為何？」——亦即，若是不把這一個問題弄清楚的話，自己是死不瞑目的！這是出自臨死者生命的內心的呼聲。於臨死之際才認真地思索「人生」，必然會形成一種問題。

十三年前，有一位因為肝硬化死亡的青年，他的名字叫做「保」，就稱為小保好了。小保從名古屋大學藥學系畢業後，就進到一家製藥公司。這位極為優秀的青年，進到公司只有六個月就發明了新藥，並且獲得專利，頗受公司的器重，前途相當看好。然而，小保從中學時代肝臟就慢慢的惡化了。等到大學畢業進入公司一年的時候，就發病了。之後，經過二年的搏鬥病魔，不幸去世。我並不認識小保這個年輕人。我住在郡上，他住院則是在名古屋大學的醫學院。聽到他去世的消息，真是太令人驚愕了。為何這麼說呢？因為小保的哥哥正是我高中時代的同學，真是太令人驚訝了！小保死後三十五天的時候，他的哥哥送我一本書，叫做《小保的絕書》。這本書是小保的家人把他所寫的日記加以整理，以謄寫版印出來的冊子。讀了之後，我真是驚訝。在這裡，我想把廣瀨杲先生的感想合併說明。總之，十幾年前就出了這本冊子了。我向各位介紹其中的一部份，這是小保在每日與死神共存的日子裡，忠實記錄下自己感受的日記。

「六月四日　為何想死？因為每天的生存都是痛苦的，每天都咀咒著神佛，未來究竟還有多少日子，等都等煩了。只有睡覺的時候最快樂，若是能一睡長眠不起那該有多好。我的心經常受到死亡的誘惑而矛盾動搖。若是有一種輕易的死法，或許早就實行了。但是，哥哥姊姊全家人那麼愛護我，辜負他們的心意，並非易事。」

從這一段可以看出，小保想從痛苦的狀態之中脫逃出來，想自殺，但是尚未下定決心。京都大學有一位教授，名叫石井完一郎，這位老師出版了《青年的生與死之間》一書。前日讀了這本書之後，對小保所寫的這句話，頗能理解。石井教授曾經調查過那些徘徊在自殺門口的學生，那些學生被問到為什麼不想自殺時，他說：「因為我想到我自殺死掉後，有人會為我傷心，所以就不想自殺了。」小保的情形也與此相同，為了超脫自己所受的痛苦，因而想到死，可是一想到萬一自己死了（兄弟共六人，小保是老么），姊姊哥哥們會是如何地悲傷，所以就打住了死的念頭——長兄現在是一家大公司的董事，對最小的弟弟呵護備至。在小保體認到家人對他的關愛以及期待他早日治好的熱望時，打消了自殺的念頭。因此，誠如石井教授所說，「因為我想到我自殺死掉後，有人會為我傷心，所以就不想自殺了。」

之後，小保繼續寫下日記……。

「十月一日　今天依然是艱苦的一日。我覺得肉體漸漸的老朽不堪了。每天過著既不能求死、也不能像個人樣的日子。每個夜晚，我的身體就像是從掩襲而至的死亡之中脫離出來，迷失在那見物即食的餓鬼道一般。真是厭煩！真是……。」

看了這段呻吟似的苦惱表白，真令人為之同情。接著是新年的到來——

「一月十日　誰能把心胸借給我？讓我盡情大哭，但願能把內心深處的悲哀傾倒一空。誰能把耳朵借給我？但願能赤裸裸地說出心底的話，毫不保留地說出內心的孤寂。有誰能把嘴巴借給我？但願能引導我，這個沒有未來的命運，希望藉別人的嘴來問路。有誰能把手借給我？但願能助我逃離不幸，希望用力勒緊我的脖子。神啊！以後的一切，全交託給您了！」

隔天的日記寫下了一首詩：

「一月十一日

彼世行旅間，身著輕白衣。何故此世間，貪執一切物？」

接著，一月十八日的日記：

「一月十八日　請告訴我，有限的人生應該做什麼？請告訴我，短暫的人生應該怎麼走？半個廢人的我，又能怎麼辦？只能活一天算一天而已。」

這一天的日記內容稍微長了一些，就說到這裡為止。上面的內容，是對「人生為何」提出質問。

「一月二十三日　但願天下的兄弟姊妹都能互相體諒、互相誠直、互相療傷。對我來說，兄姊都很完美，於願足矣！病房長廊靜寂，今夜心中有悲，頗感寂寞。」

在長期的鬥病生活當中，難免會發生種種事情，有時也會發生爭吵之類的事情。因此，感到哀傷。

之後一直到二月二十二日，這是小保最後的日記：

「因何而生？生存的目的何在？仰賴什麼而生？對於這些全然不知的我，神為何不讓我死？或許神認為即使把我召回，也沒有什麼價值。」

就留下這些話，五天後的二月二十七日早晨五時三十分吐血，然後延到三月十二日清晨一時十分去世。

看過小保的日記之後，我覺得小保正質問著我們：「你們可曾問過這樣的生命問題？」意思說，在活著的日子裡，是否真正的生活在生命的目的裡，你們這群人知道嗎？所謂「因何而生」這種人類至為深奧的問題，必須在日常的生活中予以重視，是人生至為重要的問題。

我認為小保也對我們發出這樣的呼聲。

所謂「究明生死是人生的根本大事」，我們經常聽到這句話，在腦子裡也經常想去解明。但是在「死」的問題之前，橫列著對死亡的不安，因此如何積極的充實所謂的「生」，是最為重要的。抱持這種看法的人，嘴巴光會說「如何活在現在是最要緊的！」一旦置於死亡的狀況的時候，這些口說積極活在現在的人卻不堪一擊。你不就是這樣子的人生態度嗎？不就是這種光說不練的人生嗎？這種掩飾死亡、意圖充實人生而活著的人生態度，卻在所謂的「積極」之中，一步一步邁向滅亡。不是嗎？——這種質問，透過小保的日記，不斷地向我自己發出問號。

除此之外，小保也透過了日記教了我另一件重要的事。那就是，所謂「因何而生」這個問題，並不是以人類的智慧或理性就能解答出來的問題。亦即任你怎麼絞盡腦汁，只要是根植於吾人之心的人類智慧，對於這個問題，其結局，若不是陷於絕望，就是自暴自棄，最後仍然渡過空虛的人生。特別是，我們如何去尋獲這種超越人類智慧的「能」、超越人類智慧的「智慧」，是人生最重要的事。這是小保給我的啟示。

共鳴的話語

最近流行著「mementomory」這句話，聽說mementomory就是「憶死」的意思。憶死——「憶」是記而不忘，憶死就是不忘死的意思。為什麼憶死？據說，憶死是通往智慧的道路。

那麼，本會可說是「通往死亡的道路」——探索死亡。只有這裡才是真正通往智慧的道路的這種願望，是本會所重視的，大家應該會這麼想。

前面向各位報告了小保的日記，接著，在一九八四年四月，一位高中時代的同學M女士，因肝癌而死亡，只有四十一歲。剛才介紹過的我妹妹，也是因癌症死亡，死的時候也是四十一歲（請參閱本書I之①〈無量壽〉）。M女士她嫁到我住的附近來。三十幾歲以後，就開始熱心聽聞佛法了。我們同屬郡上郡第十五組組內的婦女同朋會，會下有個組織，叫做「洗心會」，她是會中的主要成員。由於她想就近聽法，於是發起組織，將我們這一區約有三十戶的主婦組成「婦女同朋會」，現在，這個會仍然繼續活動著。總之，她是這樣熱心的一位聽我講經說法的人。

她是個非常堅強的人，對於任何事情都能忍受。即使生病，總是要忍耐到最後不去醫院醫治不行的地步。有一次，在她病了仍然繼續工作，做到無法動的情況下，被抬到醫院，才發現已經是肝硬化末期了。她有一位五歲的小女兒，由於太想念小女兒的緣故，以至於覺得十分痛苦。我去探視她，也不讓我見面，藉口說：「今天不想和任何人見面，請回去吧！」當時，我把一本書交給照顧的人：「心情好的時候，請她看看這本書。」

不久，我接到她寫來的留言：「請寫些字讓我擺在床邊。」剛好，我身邊有一幅向父親要來的墨寶。父親寫了什麼呢？就是「叩拜生病」。一般人在健康的情況下，根本不會想到這點，更何況在夢想健步如飛的狀況中，還能去拜什麼？不過，父親對於她的事情也十分清楚，同時她也一直努力地聽聞佛法，我想她應該能接受這句話，希望這句話能夠為她打開一個新的世界。於是先問了父親：「這個如何？」「應該沒問題。」所以就把這幅字送過去了。這幅字被貼在她病床對面的牆壁上，感謝老天！在經過許多病痛之後，她終於進入能夠「叩拜生病」的世界。

事實上，她寫了文章送給我，內容是「拜賜生病之福，始知生命的尊貴，及惠賜吾身的生命深願」。印象深刻的地方：

「四十年間所流的眼淚，有喜悅、有哀傷、也有憤怨。但是，從來沒有過像現在湧出的大喜樂的淚水。」

我把它刊登在我們的寺報上。

她的心境已經達到這樣的世界了。有一天，我去探望她，正好照顧的人不在，她對我說：「正之師父！親子能夠合為一體，是多麼困難啊！」我心裡想一定發生了什麼事，趕快問她：「怎麼說呢？」她說：舉例說，病痛苦不堪言的時候，我想都是自己的親人，就撒嬌地說：「昨天晚上真是痛苦啊！真辛苦啊！」沒想到，卻得到了這樣的回答：「M子！妳不能軟弱，要堅強下去！」即使如親子關係般地親密，也難以成為一體啊！當時，我不瞭解她所說的，為什麼說「要堅強下去」不好呢？

正好，距離此地不遠的地方，有一位地方銀行的分行經理，也是我們寺裡的信徒，四十二歲死於舌癌。這位先生得了癌症的消息，是住在郡上他的哥哥告訴我的。他哥哥向我說：「秀雄就是得了這種病，必須做第二次開刀，已經活不久了。」我的父親和我都異口同聲說：「如果需要幫忙的地方，請讓我們知道。」他哥哥回答說：「必要時，就拜託您們了。」我們一直在注意他的情況，不過，在他亡故之前，我卻沒有機會與他說話。在秀雄君死後的四十九天，當時我正擔任公民館社會教育的主任委員，就在出席會議的七點十五分的時候，來到了公民館，秀雄的哥哥正在那邊等候著。見到我就淚水直流：

「正之師父！我真是個沒有用的兄長！」

「怎麼說呢？」

「您以及您的父親曾經對我說過，若是情況許可的話，想和秀雄說話。可是，我都全部拒絕了。不但拒絕了您們的好意，我還一直對弟弟說：『堅持下去！提起精神來！不要耽心家裡的事。』我只是講這些不能算是安慰的話，到最後也沒把事實告訴他，弟弟就這樣子走了。結果，『堅持下去』這句話只是說給自己聽而已。事後我好好地回想，如果我早點老實地告訴弟弟：『你這種情況就是得了癌症，不久人世的。』那麼，站在死亡斷崖的弟弟就會去思索『自己因何而生』的人生問題。可是我又想到，如果弟弟知道自己得了癌症，自己必須承受不久人世的煎熬，所以就打消了告訴他的念頭了。像我這種人，還配當哥哥嗎？」

——自己因為沒有盡到責任而自責，自認不配做人家的兄長，而深深引為痛苦。於是，我就安慰他：

「S雄！難得你能夠覺察到這麼重要的事，我想秀雄的死不會白白地死。」

當時，我突然想到M子所說的「堅持下去」的這句話。雖然如此，我對這句「堅持下去」還未體會出它並不是情感上的共鳴、痛苦的分擔的話語。

不久，這次輪到我女兒說了這句話。讀國中二年級的大女兒，有一天告訴我太太：

「我不想告訴爸爸有關學校的事情。」

「為什麼？」

「今天，我告訴爸爸我在學校怎麼樣怎麼樣，可是，爸爸只說『好好堅持下去』這句話而已。」

一說完，我馬上被我太太責備：

「喂！怎麼可以說這種話呢？『堅持下去』不是一句同感的話語。」

這時候，我對M子所說「親子之間要合為一體是不容易的」這句話才恍然大悟。「堅持下去」這句話雖然用來鼓勵人家，或是勸別人要有勇氣，可是，說這句話的人卻站在高高的位置上，所以這句話無法成為「共鳴」、「同感」的話語。

接受無言的期望

我在我妹妹得了癌症之後，經常思考這句話。當痛苦的人發出：「痛呀！」的時候，回應她：「是啊！真辛苦！」這句話不是很好嗎？所以對我妹妹，我從來不用「堅持下去」這句話，因為我妹妹本來就是一位很堅強的人。由於我們看不見這一點，所以會不經意說出「堅持下去」這句話來。

M子住院之後一年半，於一月的時候，肝硬化轉變成癌症，長了一個紅豆大的癌。這個消息是她親口告訴我的。由於她與醫師可以溝通，所以醫師告知她得到癌症的事實。上次田代先生的演講中提到了NHK教育電視臺的一個節目叫做「心的時代」，在座之中有人看過吧？節目中介紹了八幡醫院。這所醫院有幾位了不起的醫師。那位把M子心中所懷抱的世界全數承受過來的醫師，一五一十地告訴了她：肝硬化轉成一顆紅豆般大小的癌，剩餘的日子不多，大概只有二個月而已。這是當時的情形。

在這種背景之下，我接受了M子與她先生的商談請求。這對夫婦有一位就讀國中一年級的兒子，叫做R君，最上面的是女孩，再來是R君，最小的是前面提過的那位五歲女兒。這對夫婦對於是否要告訴長男R君母親得癌症的事，舉棋難定，因而來找我商討，我也頗感難以決定。不過，最後我決定：

「還是讓我來告訴他好了。」

我認為R君在他今後的人生當中，雖然會受到母子情深的繫絆，但是經過理智的說明，將來他必能接受這個事實，或許能夠欣然理解也說不定。當然，必要的支持是不可缺少的。

因此，我也和R君的學校老師及好朋友的父母親共同商量。「若是讓R君的父親來告訴他有關於母親的狀況，R君一定會受到極大的衝擊。所以，請老師在學校裡多多給與關照與支持……。」同時也向同學的父母親請求支持，他們也是我的好朋友。

一個星期過後，M子告訴我有關R君的事情，好像受到極大的衝擊似的。不久，M子夫婦請我過去商談。——正之師父！最近，R君不肯到醫院來。來的話，也只是站在門口而已，義務性的在門口探探頭就回去了。跟爸爸來，也立刻溜到玄關去……。前幾天來的時候，把病房的時鐘裡面的電池拔了下來……。他到底在想些什麼？——就是討論這件事。

當事人對於這種情形，是不容易瞭解的，不過第三者的我們卻看得很清楚。對R君而言，所愛的母親不久就要命終，而母親現在正生存著。因此，每一次去看母親的時候，就會有一種「媽媽還在」的實際感覺。然而，內心中充滿了母親不久於人世的不安，也看見母親日益衰弱的情景，在無可奈何之下，想要發出「時間呀！停下來！」的呼聲，於是就把電池拔下讓時鐘停住。R君的行為的確是可以理解的。

後來，我們通過M子的死學習了很多。M子的小女兒叫做「丫丫」，母親去世的時候才國小一年級。出殯那一天，到火葬場去，正當母親的棺木被送進窯中的那一瞬間，一直默不作聲的丫丫突然爆出淒涼的哭聲：「媽媽沒有了！媽媽沒有了！」在身旁的祖父祖母不知道要怎樣去安慰她。當時我站在另一頭，於是就走到她的旁邊，把手放在丫丫的肩上，對她這麼說：

「丫丫！丫丫這個樣子被媽媽看到了，媽媽會很傷心的。」

這句話並不是我事先準備好的。總之，丫丫聽了我的話之後，立刻露出驚訝的表情，好像瞭解我的意思，不再悲啼了。小孩子真是活在純真的世界裡，能夠接受我這般的請求，我又學到了一個教訓了。因為是在家裡舉行告別式，所以從火葬場回來之後，就被邀去吃素齋。那時，丫丫不肯吃東西，我就對她說：

「丫丫，趕快吃東西，媽媽最大的願望，就是希望丫丫成為一個快快樂樂、健健康康的小朋友。」

聽了我的話，她才開始吃東西。孩子能夠接受母親無言的期望，孩子就是具有這種天性。雖然我覺得孩子真可憐，可是，相反的，我卻從孩子身上學到一些東西。「千萬不要讓死成為白白的死」，這是我從孩子深沈的悲傷中所獲得的啟示。我從幾個人的例子上，學到了不少東西。

家中若是有了病人，必然產生一種危機，而危機之上復有危機。我妹妹平野惠子因癌住院的時候，我母親一直在旁邊看護。我母親比較神經質，任何事情若不是親自確認過的話，就會覺得不放心，她就是這種個性的人。有一次，妹妹說：

「昨天晚上整夜沒睡，今天精神很差。媽媽！今天不想見任何人。」

讓不讓人進來探病，是看護人平常可以決定的事情。於是，每次有人來敲門，就被母親一口回絕了：

「昨天晚上，真是太苦了，整個晚上沒睡好，精神很差，我女兒說今天不想見任何人，很抱歉！讓您從老遠趕來……」

剛好，一位從京都來的老師，特地在百忙之中遠從外地前來探病，卻被妹妹的至親拒在門口之外。當時我母親怎麼說？她說：

「惠子是很辛苦的，能不能站在對方的立場為她著想？雖然我很想讓您進來探視一下，可是她馬上就要不久人世……」

「媽！您這麼說是不對的。雖然惠子說今天精神很差不想見人，可是聽她說了之後要如何應對，是看護人重要的事情。若從做母親的職責來看，不會說出惠子不久人世這種話來。所以說，這是媽媽的問題，不是惠子的問題。」

「啊！是嗎？」

聽了之後，我母親才清楚自己所做的不一定正確。這也是一種危機，雖然是小危機，也發生在我們的家庭內。一手承擔病人所有的責任是很危險的，例如說出：「這個人就快要……」或是與病人意志相違的話，會帶給周圍的人危機加上危機的。這種例子，我可以再列舉出來。

危機即是轉機

有一個太太，她先生因得了癌症而過世，就與二個孩子生活著。一個是高中三年級的男孩，另一個是國中三年級的女孩。在先生的七七法事終了時，她才向兒子與女兒說：

「醫師告訴我，你們的爸爸得了癌症，活不到兩個月。不過當時我並沒有告訴你們。為什麼呢？因為你們之中，一個要參加大學聯考，一個要參加高中聯考，兩人都是在很重要的關鍵時刻，如果在這個時候告訴你們爸爸的真實情況，反而會增加你們的負擔，所以就沒有告訴你們。」

想不到卻受到兒子的反擊：

「媽媽！您太自私了！爸爸不是媽媽一個人的，對我來說，爸爸是無人可以替代的唯一的父親，而您卻佔據爸爸視為一己私有。如果我知道父親只能活二個月的話，我就會去問他關於我的將來。這種重大的事情卻無法聽到爸爸告訴我，都是媽媽您害的！」

女兒也表示了她的想法：

「是啊！哥哥說的對！媽媽太自私了。身為女兒，若能早點知道爸爸的情況，即使慢一年再參加高中聯招，能夠照顧父親，也是值得的！我卻失去了這個機會！都要怪媽媽！」

在父親亡故的悲慟之中，應該是遺留下來的三人攜手共同重建家庭的關鍵時刻，卻因此造成了母子之間的嫌隙。

這是從大谷大學的廣瀨杲教授聽來的一段真實的故事。廣瀨教授曾經與這三位母子做過商談，發現其中的癥結所在。母親所說的有一部份是正確的，兒女所說的也是有一部份是正確的。怎麼說呢？就像前面提過秀雄的例子一樣，這位母親沒有把真相告訴她的兒子與女兒，只是獨自一個人挑起了雙重的負擔。她認為若是對孩子們說出實情，會造成子女的痛苦，而這種痛苦是做母親的人必須承受的。然而，在這種精神的負擔之下，下意識裡有一股想從痛苦中脫逃出來的念頭也潛伏著，這是事實。

那麼，兒子與女兒方面真的沒有問題嗎？這也未必。對於他們母親的苦心，亦即不讓兒女增添不必要的耽心，做母親的只是獨自承受雙重的痛苦，這就是母親！然而，為人子女的卻不能體諒母親的一片苦心，這也是有問題的。

廣瀨教授在母子三人的面前，說出了這樣的看法，並且語重心長的告訴他們：「每個家庭成員若只是站在自己的立場而不去體諒對方的話，那麼你們的家庭就維持不住了！」

這種情形就像前面說過的「危機之上復加危機」。一位經營學家道勒格在他的著作《決裂的時代》一書中寫道：「所謂危機，就是決裂。」若是對於危機不加理智處理的話，將會造成決裂的不幸局面。可是，站在危機的時刻上，自我反省這樣做是否正確？並且對於問題的癥結加以解明，徹底瞭解整個事情的本質，這時才會有步入一個新的機會的可能性。道勒格說：「危機即是轉機。」

例如，以一個家庭來說，每個家庭成員能夠思考「什麼是家庭？」、「為何輕易地掀起家內的爭端？」、「我們夠格稱為親子嗎？」這類的問題，或是請教專家尋求解決家庭問題。那麼，就會從不幸的邊緣轉向家庭和合的幸福之道，帶來一個新的轉機。這就是「危機即是轉機」。

去年的春天，我有一位男性的同鄉過世了，死的時候才六十七歲而已。他在五年前做了胃癌的手術，之後一直都很順利，這時他開始探索死亡的問題，經常來聽我說佛法。他向他的家人說：「我死了之後，就打開這個皮包。」事先預備了一只黑色的小皮包。當他的遺體從醫院運回家的時候，我馬上過去弔唁。結果，他的兒子告訴我：

「我們遵照父親的意思，在他死後打開了皮包，結果裡面只放了一封信而已。信封上寫著：『照明寺啟』，我把這封信交給您，請您唸給我們聽。」

於是，接過這封信打開一看，信上寫著二首詩：

昨日極樂來　今日極樂去　一生無遺憾　斯亦復極樂
人生有幾多　育守山園居　今後留子孫　獨自赴行旅
致照明寺　平成元年二月

平成元年二月的時候，是怎樣的情形呢？由於他的狀況已經達到在家療養的極限，所以於二月四日再度住院。根據他兒子所說：「這二首詩或許是父親在床上寫的。」原來這些字不是正坐的姿勢寫下來的，所以看起來有點不一樣。當回顧自己所走過的路時，很慶幸的蒙諸佛菩薩的保佑得能走過來，這是多麼充實的極樂生活，現在於這張床上，在莫大的支持、祈願中，能夠靜待人生的結束，是多麼感謝！是多麼幸福！這二首詩所表達的意思，正是如此。我的同鄉就是懷著這樣滿足與感恩的心情，走完人生旅程。充分地顯示出他的豁達的人生態度，同時也教導我，要怎樣走才能完成人生，要以怎樣的心境來面對死亡。他給我的感受是何其強烈啊！

值遇佛法的重要

接下來，我再舉一個例子。有一位名叫鷲見的先生，擔任警察局長，也是因為癌症而於五十七歲就過世了，他也遺下一些文章。在這裡，我向大家介紹五年前他寫給我的一封信：

南無阿彌陀佛！仰仗我佛慈悲，讓我終於能夠完成此世任務，經過五十七年半歲月，欣然接受我佛來迎。任何人雖然明白此乃人生必經之途，然能如是慮念者有幾人？吾所行去之道無有疑慮，光明遍照，其道輝亮。就此辭別

鷲見　隆　合十　昭和六十二年

真是太不可思議了！如果不是自己親身的一番體驗，的確難以明白生存的真正意義。我又從這位同鄉的身上學到了東西。

再來是去年年底的十二月二十六日發生的事……。提到去年年底，首先，十二月十六日我妹妹病逝，十八日入殯，二十二日告別式；二十五日一位擔任寺院住持的親戚去世。因此，一直沒有時間寄賀年卡。二十六日回到家後，當天晚上就開始寫賀年卡了。那時，來了一通電話。我就走過去接了電話，是一位「五日會」的會友打來的，當時已是九點半過後。「五日會」是由佛教青年會發展出來的，已經有十七年的歷史了。這位會友打電話問我：「您很忙吧？我想過去跟您商談一下，可以嗎？」我問他：「是個難題嗎？」他說：「也不是那麼

困難。」我說：「那就過來吧！」我想既然不是個大問題，那就好辦了。原來，他六十八歲的母親羅患肺癌，只剩下半個月的時間，可是他母親不知道自己得了癌症，只有他和他太太知道而已。因此，有什麼方法可以讓他母親的餘生更為充實，關於這一個問題，特地來向我請教。聽了之後，我感到極為驚訝。

我說，只有你們兩人知道，是不行的，你母親還有兄弟姊妹，應該告訴你的舅舅和阿姨。讓這些親人用兄弟姊妹的手足之情來安慰你母親，是極為重要的！我明天馬上去看你母親，也想和主治醫師見面。主治醫師是八幡醫院的坂本先生。第二天，我到了八幡醫院，不料坂本先生說：

「我不是她的主治醫生。」

原來主治醫師是另一位大夫。因此，我就不能與坂本醫師商討了。正在為難的時候，坂本醫師把護士長請過來：

「護士長！事情是這樣的……。和田先生與病人有關係，請妳向他詳細說明病人的情況。」

於是，我就和護士長討論了約一個鐘頭。由於事先有了共識，所以會友的母親能夠受到不同方式的臨終照護，包括家人、醫療人員與方法，以及病人本身的接受。

在她去世前的二個星期，我的父親也到醫院去探視。因為那位太太的先生，也是我父親的同學。我父親留下一句話：「不要忘記念佛！」就回去了。在去世之前，也有很多人前來探視，也說了不少安慰的話，也有人特地把話錄下來送給病人聽。而這一對兒子和媳婦更是不眠不休，日夜在旁照料。或許是念佛的世界為之一開的緣故，據說在去世之前的一個星期之間，病人都一直念佛沒有停止。這件事情是日後從護士那邊得知的。肺癌的痛苦，非常劇烈，但是這位女士從未叫聲苦。真是太能忍耐了！護士長這麼說。會友的母親在臨死前也留下一句話：

「讓我牢牢地帶著堅忍的世界走吧！」

前面所說過的這些例子，每個亡故的人，都是以聽聞佛法為人生大事的人。從這些人身上，讓我再度學習到有緣遇到佛法是多麼重要的事。

最後的禮物

去年的年底，我的妹妹平野惠子四十一歲去世。經歷了妹妹的死，讓我學習到，人雖然可以忍受貧窮和痛苦，但是卻無法忍受虛度的人生。亦即，只要尚未覺悟到一條如何超越虛幻的道路，這種人生到底是不算數的。

妹妹遺下這些言語，更提到「死是送給你們的最後禮物」這句話。

妹妹死後，我再次地通過她的死瞭解到，對死亡的悲哀愈是深刻，所遺下的禮物愈是鉅大。妹妹夫家所在的高山這個地方，火葬場座落在寂寞的山野中，四周環境比郡上八幡的火葬場更為荒涼，在朔風颼颼中，大致收拾了妹妹的骨灰。大人真麻煩，撿骨灰還要這個那個的法事。好不容易，儀式終了，大家就上了一部接送的巴士回去了。

突然，發現到妹妹的大兒子沒有在車上，趕緊向司機抱歉說：「還有人沒上車。」我和妻子兩人再回到火葬場來。比我早先進入的妻子，站在那裡一動也不動，也沒有發出任何聲音。我感到奇怪，就趨向前去看，到底發生了什麼事？原來，妹妹的大兒子正用手輕輕地撫摸著一根大骨頭，好像是大腿骨的樣子，他站在那裡，非常珍惜似地撫摸著。看到這個景象時，不禁讓我想起妹妹的那句「死是送給你們的最後禮物」，妹妹的大兒子現在不就是正在接受他媽媽送給他的最後禮物嗎？在那一瞬間，我所見到的甥兒的模樣——他正用著全身在傾聽與接受母親送給他的最後禮物。在全神貫注的狀況下，我們不應該出聲打擾他。

妹妹說「死是禮物」的這一句話，我想她所要表達的，就是「人類情愛的究極表現即是死」。前面也說過，悲哀愈是深刻，所贈的禮物愈是鉅大。我從甥兒素行那種全神貫注的神態中，發現到孩子們的不可思議之處，素行不就是正在祈求著與不再死亡的母親再相會嗎？

或許他正在傾聽著從死的寂默世界傳遞的「禮物」——生命是有限的、無常的，這是「絕對真實」。

最近，我祖父的二十七週年忌剛剛過。我父親有八位兄弟姊妹，最小的是女的，已經死了四人，現在剩下的四位之中，我父親排行最大。在我就讀大學的時候，祖父曾經對我說過：「正之！在我的人生中，我從一句最溫馨又是最嚴厲的話裡學到了許多。」祖父追隨安養寺法香院的一位法師修習佛法，法師是一位大學者。我的小姑姑，名字叫做「美和子」，是祖父唯一的小女兒，與我的父親相差十六歲。剛生下的時候，大家都為唯一的女孩子而高興萬分。卻沒想到，出生不久得了急風症馬上就過世了，祖父為之悲傷不已。正當祖父沈緬於「生別離」的哀慟之中的時候，法香院的那位法師寫來一封信：

「真是哀傷啊！真是悲傷、痛苦、不幸啊！要哭，就盡情地哭吧！哭吧！哭吧！哭吧！哭吧！等到眼淚流乾的時候，好好地找找看，是什麼在閃爍發光？……」

祖父也讓我看了這封信。真是感激！一位師父在這樣的情況下，寫來這麼溫馨的信。當時尚未有人生歷練的我，並沒有體會出信中的溫馨。

可是，我也感覺不出信中的話有多嚴厲。我認為只不過因為死了女兒才悲傷而哭而已，狗啦、貓啦，也會哭嘛！

信文接下來這麼寫著：

「等到眼淚流乾時，好好地找找看，是什麼在閃爍發光？那就是在你死後還能再成為美和子的父親嗎？你要如何選擇？死真是徒然白費嗎？或不是呢？端在你自己的抉擇！」

信文這麼嚴厲地質問著。祖父告訴我，那封信讓他得到不少啟示，從那個時候就開始積極深入佛法了。

在祖父去世的前二日，他對我父親說：（我父親名叫耕正）

「耕正！我無事可說。謝謝！」

就遺下這句話而已。雖然是自己的親人說的，可是我從祖父的這一句「謝謝」，體會到在我們的人生當中應該隨時隨地低下頭來感謝，這個感謝的心是我們人生道上最重要的，在謙虛與感謝的當下，佛法就在那裡。這是祖父給我的教導。

謝謝大家！

3 親鸞的老死觀

鍋島直樹

今天我要講的題目，是「親鸞的老死觀」。我專門研究中世鎌倉時代的親鸞思想這個狹窄的領域。我想以親鸞的思想作為起點，並稍微擴及東洋思想，同時透過起源於印度的佛教生死觀，一併探討老與死的問題。

老化的世紀末與未來

在尚未進入親鸞或是佛教的話題之前，雖然我對於「老化的世紀末」及未來發展如何的問題是個門外漢，不過我想先就此與大家一起來探討，以找出一個共同的觀點。

談到現代文化今後的走向這個問題，我認為今天應該是從「對立與抗爭」的社會逐漸轉變到「調和與統合」的時代，也就是美國總統布希所強調的「力量的美國」與「對話的美國」平行的時代，現在已不再是靠自由經濟與軍事力量就行得通的時代了。

東京大學的中世西洋史專家木村尚三郎教授主張，六十年代、七十年代是相信未來、懷著希望與信念拼命努力工作的時代，但現在已經不是那種時代了；較之於過去時代的拼命工作，現代人重視自己的個人時間，儘量在聚會或研討會中去接觸與認識不同的人，可以說是「人戀人」的時代。換句話說，在專業化分工的社會中人們無法互相對話的時代到來之際，一方面也開始了超越相互之間壁壘與密林的對話。

九年前，當大家正熱烈討論「末期病人照護——生與死」這個問題的時候，我有一次在研究所的研討會上，首先接觸到日野原重明教授的著作。日野原教授說，二十世紀末的現代是ecumenical的時代——所謂ecumenical這個字，原來是指基督教「教會一致運動」，由原義轉化為「超越各種不同的主義、主張、國家、人種的框框與對立」的意思。亦即，今後的時代，人們不再以自己的主義、主張、國家、人種為問題，而是以全人類的相互對話與理解為主軸。

再進一步說，會有這種新的時代傾向，起因於在文化底層中存在的「人的孤立化」之問題。拼命地工作、辛勤地勞動，無論處於何時何地都是孤伶伶的，對於未來感到不確定，也失去了昔日的夢想，在不知不覺中空虛感逐漸加深，這就是對當前文化所產生的「感覺」，而這種感覺充斥在文化的底層之中。現代人之所以探討死、生、老的問題，我推想大概是因為我的家是神戶的一間小寺院，有幾個房間。其中，例如有我的曾祖父過世的房間、有我的祖母過世的房間，他們分別在我小學四年級和六年級的時候去世的。當時，一個人經過那房間時，就會不由得害怕起來，總覺得只要踏進曾祖父死去的房間一步的話，馬上會被拉到死亡的世界那般的恐怖。曾祖父去世的房間就在大殿的正對面，每當早晚課供養齋食獻佛時，非經過那個房間不可。在黑漆漆的天色中經過曾祖父的房間時，我總是拔腿跑過那個房間。此外，有喪葬儀式在寺院舉行的時候，總是會把棺木暫時放在靈堂裡，那個地方我也不敢走過去。總之，我的家就有死人的房間——但是，這種感觸對我來說是極有益處的。現在一般的家庭，沒有那樣的死人房間。反過來說，透過房間、一張榻榻米來教導死亡這回事，已經不復存在了。現在已經到了不知人真正的老與死的時代了。

這裡有一個真實的故事，是一位現在讀小學三年級的小朋友的故事，我是在這個暑假聽來的。有一天，這位小朋友去捕捉蟬兒，捕了很多隻帶回家來。回家一看，裡面死了好幾隻。看見死掉的蟬兒，這位小朋友就左思右想為什麼蟬兒不動了。最後，他跑去告訴他媽媽：「媽媽！這隻蟬兒沒電池了！」說著把手上的蟬兒給他媽媽看。聽了這個故事之後，不禁讓我覺得現代真是一個小孩子不懂生命、不懂死亡的時代，這個例子不就是一個很明顯的徵兆嗎？

接下來要講的這個例子或許與各位有關，是發生在京都一所有名的私立大學的事情。有一位男生在學校裡認識了一位女生，這位女生很喜歡講話，經常和別的男生講個不停。這位男生覺得這位一直在身邊的女朋友似乎對他有點冷淡，心中產生不安而陷於消沈的狀況。有一天夜晚，他的不安感發作到極點，他認為他的女朋友就要跟他分手了，愈想愈是不安，整個晚上睡不著覺。結果，第二天的晚報登出了「酒醉大學生公園行暴」的消息。原來這位大學生，在不能成眠的情況下喝了三杯威士忌，酒精的作用使他醉醺醺的，可是還是睡不著。第二天清晨，一大早起床就心忙意亂地衝出去了。來到公園，剛好有一位老先生坐在公園椅子上，被這位大學生看到，就不分青紅皂白朝老先生身上拳打腳踢，施完暴行之後又若無其事地回到宿舍去，留下那位老先生躺在地上。居然發生這種悲慘的暴力事件。各位都知道，現在的京都也相當忙碌，只有在交通繁忙前的清晨時間，是讓老年人能夠安心散步活動的安靜時刻。而那位大學生卻無視於那位享受有限的散步樂趣的老先生的心情。

憤怒時有人會以撞樹頭，撞水泥地，或是狠狠的踹椅子等等方式來發洩，所謂「退一步海闊天空」。可是，居然對一位不認識的老先生施加暴行，這種事情可以說絕無僅有。現在真的已經到了不知如何尊重一個人的老或是死的時代了。

換個角度來說，也許那位大學生會振振有詞為自己辯解：「我只不過是一個年輕人罷了！」在二十世紀末的今天，對有關人類本質的老死問題，亦即本來應該是個人必須關注的問題，卻漠不關心，對老死問題的嚴肅性與黑暗面也漠不關心，整個社會就浸透在這種恐懼面對衰老與醜陋的文化裡，這種時代正逐漸逼進。對於那些漠不關心人間現實與嚴肅的人們來說，他們又怎麼會去探索人生的老死問題？

熱愛生命的文化創造

再來，讓我們把焦點擺到「老」的問題上。所謂我們這個二十世紀末的文化是什麼？用一句話來形容，可以說是「蔑視老的文化」、「視死為禁忌的文化」。這種情況，在先進國家的社會裡更是格外顯著。因此，我就以容易明瞭的方式來介紹先進國家的文化特質。

第一點，信仰勞動。所謂「信仰勞動」的意思，就是「人類的真正價值在於勞動，不從事勞動則非人類」。亦即馬克斯所主張「猴與人不同之處在於勞動」的勞動至上信仰。用比較艱澀的話來說，就是「具有生產性經濟力的人是人類；不具生產性經濟力的人比較沒有人類價值」之價值觀。可是，果真是這樣嗎？若說唯有勞動才是人類價值的話，那麼，殘障者、老年人、臨死者不就絲毫沒有人類的價值了嗎？這種主張應該是有問題的。通常在學校裡，只是學到人和猴子之間的差別，但是沒有學到要怎樣做人的道理。

第二點，信仰健康。所謂「健康至上主義」，就是「以健康為人類最重要的一件事」之價值觀。的確，愈是經常患病的人，愈是深切感受到健康的重要性。不過，過度誇耀健康，自傲地說：「我從來沒生過一次病。」這種人難免會受人討厭。這種主張是無視於病人、殘障者存在事實的價值觀。

第三點，就是最近深深感受到的「信仰清潔」。所謂「信仰清潔」，以各位自身的周圍來說，像馬桶座消毒劑這類東西的使用，似乎意味自己以外的東西全部都是髒的——自己使用的東西以外，全部受到細菌的污染，具有致病的危險性，若是不事先消毒、殺菌的話，就不會安心——像這樣極端的清潔主義。更甚者，就會讓人產生包括老年人、患痴呆症的人以及病人等都是不乾淨、不清潔的感覺。舉例說，最近以來，不帶小孩子到醫院去的情形，有日益增多的趨勢，因為「接觸到那個地方會受到污染，絕對不要去接觸。」——我真不明白，那些非得噴上消毒劑才敢觸碰電車拉手的人，若是不得已相互碰觸了對方，他們不知有何感受？我真懷疑。

再來，第四點，就是「加速變幻的時代」。從前以三十年、一百年為單位變化的事物，在今天的生活環境裡，轉變成以一年、二年為單位了。一切都是快節奏的時代已經來臨。我在最近也感受到無法適應新技術的困擾，是什麼問題呢？在從前，要是有了這種問題，只要向老一輩的人請教就行了——火爐要怎麼點火？如此這般就成了；在艱苦時要怎樣度過難關？這樣這樣就成了——把古人、先人的智慧教給了我們。可是，在今天新的生活形態當中，老舊的智慧愈來愈變成是種障礙。這也是老年的悲哀之一。

最後，第五點，這是超越今日、跨越未來的問題，就是藉著科技的手段來管理生命的時代已經到來。壽命的延長對人類而言，是一種無比的恩澤。另一方面，科技的進步超乎人類的預想，人類的生死已可以藉科技來管理。例如，內臟、精子可以單獨分離出來。在理論上，也進步到腦移植的可能性之層次了。但只有一個頭腦、BRAIN，能夠稱為「我」嗎？紐約市立大學的漢斯約那斯教授提出這樣的質問。所謂愛一個人，並不是只愛對方的一個腦袋而已，包括那個人的臉、手腳、身體整個人，都是關懷的對象，把腦和人格劃上等號這種見解是有問題的。所謂「我」的人格，應當包含頭腦與肉體在內的整個生命體。以上所說的，到現在為止或許技術上仍然是個問題，但是將來器官移植一旦普遍化之後，也許在三十年後的電視劇裡，可以經常聽到類似這一位相命仙的話：「你的人生所以不幸，是因為你的祖父移植了別人的器官的緣故。」從這一點看來，即使是接受善意的腦死者的器官移植，一般人對於所移植那個人的人格也會抱著懷疑的態度；或是其他迷信的因素等等問題，難免仍然殘存在人性的根底裡。總而言之，未來是一個各式各樣的生命管理的時代，是可預期的。

對於上述這種文化，一位法國的女作家波保瓦兒在《老年》一書中寫了如下的話：

「人在最後的十五年或二十年之間，只剩了一個廢物而已，這件事實清楚地彰顯出吾人文明的挫折。」

我們生活在「勞動至上」的價值觀裡努力工作，反過來說，如果我們無法工作的話，那麼，我們的一生就完了。如此一來，我們不就是朝著邁向廢物之路拼命地工作嗎？這是波保瓦兒向我們提出的警告：人類本身是不是成了一個用完就丟的機械？恐懼變成機器人的人類本身不就正在邁向「機器人化」嗎？

因此，期待的二十一世紀的文化，直截了當的說，就是「熱愛生命的文化創造」。誠如日野原重明教授早已提倡的主張所說：「所謂生命，並非只指人類而已，世間一切的存在無不蘊藏著各自的無可替代的光輝，必須視為唯一的存在，珍惜愛護之。」珍惜愛護這個唯一無二的生命，是何其重要！正如每個人各有自己的面孔、每個人各有自己的生命，每個人各自的生命是極其珍貴的。以這種態度來待人接物，在今後毋寧說是極為重要的。如果只是限於以區分出「老人」、「殘障者」、「癌症患者」的方式來對待的話，那麼真正的「末期照護」是不會出現的。

親鸞的生命觀

現在就來介紹親鸞晚年所說的話，這也可說是親鸞關於生命觀的話語。首先，關於「佛」的問題，在《唯信鈔文意》中，敘述如下：

「此如來充滿微塵世界，亦即充滿一切群生海心。草木國土悉皆成佛，此一切有情之心，因信樂方便法身誓願故，此信心即佛性。」

「此如來充滿微塵世界」——所謂微塵世界，就是指散佈於空氣中像灰塵那樣小的微小世界裡，也充滿著如來（佛）。「亦即充滿一切群生海心」——所謂一切群生，就是指一切生物，以海來比喻一切生物。也就是說，在一切有生命的生物當中，充滿了佛。再說，「草木國土悉皆成佛」——草、木等植物也都是佛。「此一切有情之心，因信樂方便法身誓願故，此信心即佛性。」——當深入接觸一切生命所對的佛心時，這種信心本身就是佛性。

換句話說，對親鸞而言，人類的生命、動物的生命以及草木國土的生命，一切都是相等價值的。在我前面的這張桌子，依佛教而言，是有生命的；這一支麥克風也是有生命的。抱著這種生命觀的人生，必定能夠創造出新的文化。對老年人的生命、石頭、木頭的生命，全然同等尊重。以這種生命觀來愛這個世間的話，必能創造出更為不同的文化。若以科技的眼光來看，認為生命是容易駕御的，於是就想藉著科技來控制與管理生命。而更為錯誤的想法，就是認為這個人的生命只到這裡為止，所以應該用這種方法來對待他。以自己的立場與方便，以人類自身的立場，對自然界、動物，甚至於人的生命輕易地予以粉碎、加工，這種時代豈不令人產生危機感？

在這裡，我想以肉雞的品種改良作為例子，來稍微解釋「生命手段化」的意思。從前的雞都長著色彩鮮艷的羽毛，後來人類藉著控制生命的手段，把雞改良成為白羽毛的雞。到了現在，更進一步，不但全身沒有羽毛，連翅膀也都不見了，而且，從孵卵到成雞大約只要五十天的時間，最後被送進屠宰場，脖子被束起來，「喀」一聲身首異處，結束生命。什麼道理呢？為何人類要不斷地重複著品種改良呢？把羽毛改成白色還不滿意，更要不長毛的雞，其理由是因為人不吃羽毛。若是站在雞的立場，牠一定很想用自己的翅膀在院子裡飛一飛的，或是在草原上飛一飛的。然而，雞在人類的眼中，只是一種食物、蛋白質的來源而已，因此，人類不惜花費功夫加以改良。五十天之間，整天被關在陰暗的小籠子裡，見不到一絲陽光。一天之內經歷六次的人工晝夜——以開閉燈光為手段，雞隻在快速的每一個「早晨」中覺醒，可以促進發育與生長的速度，最終目的就是趕快養大殺來當作食物。所謂「活生生的炸雞」，就是人類的傑作。難道這就是真實對待生命的真正「先進文化」嗎？

此外，也有肉豬的品種改良，據說已經改良出一種無腳豬。這一點大家都曉得，這種豬生下來，想站立起來卻噗通一聲在地上打滾，這也是人不吃豬腳的緣故。因為豬腳不能當作人類的食物，於是人類就不斷地想辦法把豬改良成無腳的豬。這種對牲畜的生命控制，不禁令人感慨！難道這種把動物或是人類的器官，一切都商品化的態度，果真是真正想要追求發展的文化嗎？

我們寧可思考親鸞的教導——桌子也有生命，必須畢生珍惜使用這張具有獨一無二生命的桌子，這種生命觀的培養是極為重要的。

我把話題扯得太遠了，下面就進入「佛教與親鸞所見的老與死」的主題吧！

佛教與親鸞所見的老與死

首先，我想以釋尊初期在印度所開示的話語來向各位介紹所謂的「佛教」。根據釋尊的說法，在用法上，老與死是同一個語詞，而且「生死」也是一個語詞。這點我想田代先生已經向大家講過許多次了。

所謂「生死一如」，就好像一張紙的「表」與「裡」，「表」雖然是生，可是翻轉過來便是「死」。也就是說，「我們活在一剎那一剎那的死亡當中，並非過去已死，而是死在當下，死在此身中。」——這是生死一如的意思。對於這一點，我想引用東京大學名譽教授中村元先生所譯的釋尊的話語：

「成熟的果實害怕早日掉落，與此相同，被生下的人（會死的人）經常害怕死亡。」

（《相應部》五七六偈）

包括你我在內，大家都是成熟的果實，什麼時候會掉落，無法逆料。就這樣子，存在這一個時空裡。

我所喜歡的一位美國詩人W・H・歐丹，作了一首詩來譬喻「死」：

死是當野餐的時候，聽到遠處傳來的雷響。

在野花盛開、綠蔭蒼鬱的森林中的一處草原裡，正在歡樂地享受著野餐，這時，遠方突然響起一陣隆隆的雷聲，死就像那雷聲似的。這首詩告訴我們，在活著的當兒，死亡的雷聲正在響著。同樣的，釋尊開示我們，生的背反即是老、生的背反即是病、生的背反即是死——這是「生病一如」、「生死一如」的一元論見解。

再者，人類原本是以怎樣的生活方式在過活？關於這一點，在印度傳來的淨土教代表經典之一的《無量壽經》裡，有下面的說法：

「人在世間愛欲之中，獨生獨死，獨去獨來，當行至趣苦樂之地，身自當之，無有代者。」

這一段經文是相當著名的。經文的意思為：「人即使與多麼要好的朋友坐在一起的時候，他仍然是孤獨的一個人。縱然在許多人的圍繞守護下臨終，最後也是一個人獨自逕赴黃泉。因此，對於人的存在就是孤獨、單獨的這個特質，就得早日覺悟到，並且要精進不懈地生存下去。」

我們每一個人的身體、每一個人的心，若是努力去追究的話，沒有人可以幫我們代勞。可是，人們往往在忘記「自我的死是孤獨」當中過日子，因此，釋尊對我們開示了這一個事實。如果能夠真正發現到自我是孤獨的，那麼，透過孤獨的體悟，更能發現他人的存在並且體貼他人。因為懷著明日再相見、期願對方永遠健康的心情，就不會因故動輒吵架、相互傷害、我心中沒有你等等憾事發生。在看法上有了「你我本是孤獨一人」的轉變，並且能夠進一步體悟到「我是活在明日死的今日裡」這一層的道理，那麼，無論遇見怎樣不同的人，也能夠把生命活在當下。體悟了孤獨的自我之後，今後最重要的事就是尋求超越生老病死的道路了。

仙涯是一位幕府末年的和尚，也是我所尊敬的佛教家。有一次，一位產下兒子大喜過望的母親，抱著兒子跑來請求仙涯題字：「請仙涯和尚為我這個兒子寫吉祥話，拜託！拜託！」就把一張色紙交給了仙涯和尚。仙涯接過色紙說：「喔！是嗎？知道了！」不久，寫好了，拿回色紙一看，上面寫著：「父死、子死、孫死」。小孩才剛剛生下來還未滿一歲，請他題個吉祥話，怎麼會是「父死、子死、孫死」這樣不吉利的話呢？這位母親感到十分不解，就對仙涯和尚說：「這些話太淒涼了，能不能請您改一下？」仙涯聽了不發一語，拿回去修改，不久又寫好了。這次寫著：「孫死、子死、父死之不幸無之」，仙涯用心之深於此可知。若是依照出生的前後，父死在先，接著是子死，然後是孫死，這樣的死是最低限度的幸福。因為那位母親不瞭解這番道理，因此，仙涯又改寫成「但願不要有孫死、子死、父死的父送子終之不幸事情發生」這樣的吉祥話來祝福這位母親。此外，仙涯也同時對這位母親開示了，長得再怎樣可愛、紅蘋果般臉頰的小娃娃，一生下來就是孤獨的一個人、背負著死亡的一個人，而且也要把這個道理教給小孩，讓他能夠瞭解。仙涯用這一句既嚴肅又簡單的「父死、子死、孫死」向那位高興得子的母親傳達了人的本質，仙涯的這句話巧妙地表示了佛教的生死觀。

接下來，讓我們回到更早的時代去，我想向各位介紹一位中世時代的佛教家，名字是源信（九四二～一〇一七），他在京都的比叡山橫川寫了一本書，叫做《往生要集》。《往生要集》據說是在一千年前的九八五年左右寫成的。當時雖然還沒有所謂「世紀末」的想法，可是當時卻瀰漫著一股末法到來的思想。由於這個時候貴族權力的喪失加上頻繁的天災人禍，整個時代陷於慌亂的狀態。在這個時代下所寫的《往生要集》，於第一章的〈厭離穢土〉裡，道出人的存在是無常的，並且充滿了苦以及不淨。《往生要集》把美麗的女性描寫成身體充滿糞尿、顏面卻化粧得白粉花紅，用以譬喻人身的充滿不淨。而當於思考不淨之所以為不淨時，就會體會出一條超越不淨、超越死亡的道路。這是《往生要集》的立意所在。如果一個人自認為只有自己才是潔淨的，別人是不淨的，那麼他絕不會發現自己的真實面目，唯有在自覺到自己也是不淨時，才能體會出外表的美是不真實的，因而更能看見真正永遠的東西。在當時的畫作「九相詩繪卷」裡，就描繪著美麗的女屍潰解變化的不同模樣。

再來是比較有趣的描述。在象徵人類陷於迷妄境界的「六道（地獄、餓鬼、畜生、阿修羅、人、天人）思想」裡，有〈天人〉一章，這裡所寫的天人，如同大家所熟悉，姿態端麗穿著羽衣在天空自由飛翔，所以也稱做「飛天」。在奈良的「絲路博覽會」的招牌上，就以飛天作主題。不過，源信說天人也有臨終的時候，也就是天人也會衰老的意思；而且會現出五衰的樣態，稱為「天人五衰」。

到底天人會經過哪五種衰老的過程呢？首先就是「頭上華萎」，頭上的華鬘枯萎之意。天人的頭上佩戴著華鬘的花飾。我們上寺院的時候，可以看到在佛像前，垂掛著彫花的飾物，這就是「華鬘」，也就是以美麗的花鬘來莊嚴尊貴的天人。天人老年的時候，頭上的花就枯萎了。以各位作比喻的話，就是裝扮自己的那些飾品已經褪色失去光采了，而且老舊不堪了。第二就是「衣服垢穢」，天人的衣服漸漸的熏黑了，而且到處有破洞，又髒又爛。再來，第三就是出現了「身體臭穢」的情形，雖然自己聞不到身上的臭味，可是全身發臭得非常厲害。也有經典寫做「腋下汗流」，腋窩下流出臭汗，全身滿是汗臭味，漸漸地愈來愈衰老了。再來，第四，年紀更大了就「兩眼數眴」，兩隻眼睛經常會眼花。——老的程度愈來愈深，和普通人沒有兩樣。

最後，第五就是「不樂本居」，對於一向住慣的居所絲毫沒有興趣了。本來，回到家來就有一股溫馨的感覺洋溢著，現在一回到家，再也沒有那種感覺了。因此，即使是天人，也會發生頭上的花飾枯萎、身體發臭、羽衣老舊污穢、老眼昏眩、回家不快樂等等情事。最後，天人死去的時候，就像一堆蔓草，平日一起飛翔天際的朋友，沒有人來探視他，獨自一個人在林中哀號著步上死亡之途。任他再怎樣叫著：「為什麼捨棄我孤伶伶一個人在這裡？平時不是很鍾愛我嗎？……只要多活一日就……」他的哀叫聲只是徒然向天空囈語而已。

《往生要集》對天人的老年臨終做了這樣的描述。其實，這些敘述，正是象徵著執著這個世界的價值觀與被物慾所縛的人類本身的最終情形。源信所要表達的意圖，在於批判當時平安時代墮落的貴族與僧侶的老衰樣態。源信告訴我們，只會享樂生活的人，什麼都帶不走，也沒有人會跟隨他去。源信在結論的地方寫道：

「當知離苦界往生淨土，唯有今生。然，我等頭上戴霜雪，心不染俗塵；一生雖盡，希望無盡。」

——你們必須知道，脫離苦海到達真實的彼岸，只有現在這一生而已。即使頭髮白得像積雪那樣老，內心也不會被世俗的污塵所沾染。雖然自己的生命不久於人世，但是種種希望並不因此而消逝。

「勿入寶山空手而返。」

——身在超越世俗的真正寶山裡，不要什麼都沒學到就回去了。這裡所說的「寶山」，就是指比叡山。當時，僧侶們各據山頭自立門閥，結交權貴，頹廢墮落，源信對於這種劣行提出嚴厲的批判。在這一節裡，源信想要表達的，就是超越充滿苦惱的不實人生之道，唯有此生而已；覺悟真實，也唯有當下而已，沒有絲毫延期的餘地。

換句話說，或許可以用「入毘訶羅研究會，勿空手而歸」來代替這句話吧？在田代先生為我們成立的這個研究會裡，如何把握新的人生真實，只有當下、只有今生而已。我想我們可以通過源信，來做這樣的解釋。

親鸞如何超越「老」與「死」？

接下來，我想進入「親鸞（一一七三～一二六二）如何超越老死」這個主題。

親鸞在圓寂的前幾年，八十五歲時寫了一封信，信文如下：

「眼既不能看，一切又皆悉忘懷，身體也不若一般人健朗，宜向淨土學生問也。」

親鸞在晚年時，眼睛雖然還不至於達到失明的程度，但是視力非常差，所以他說：「一切又皆悉忘懷」。現在的人活到八十五歲，身體就相當衰弱了，更何況鎌倉時代那個時候，八十五歲的人更是衰老，這是可以想像的。親鸞也對年老的悲哀發出感嘆，但是，親鸞只是一個衰老的老人嗎？當然不是！他確確實實看到了超越老死的道路了。我是念佛者，在座之中如果有不同信仰的人，不妨聽聽看。我想從念佛者的立場，以我自身所自覺到的「真實本質」，來向各位報告。

所謂「超越生死之道」，首先，就是親鸞所教的「繼續活在淨土」的道路。從前，有一位親鸞的徒弟，因為對念佛者的未來感到不安，所以寫信向親鸞求教，當時已屆晚年的親鸞回給那位叫做「有阿彌陀佛」的徒弟的那封信，到現在仍然保留下來。上面寫著：

「汝於稱名念佛往生淨土懷抱種種不安，然念佛往生乃覺悟真實之道，自古以來已延續二千年，並無任何恐怖之事，必也深信唯是念佛！」

接著，又寫道：

「是以，深信念佛往生稱念名號，必定往生淨土無疑……此身現今已屆年限，恐或早先往生，必於淨土待汝也。」

親鸞以這樣的話語來勉勵弟子。

我也有善知識，無人可以替代的良師，對我說過這樣的話。——現在，雖然就此別離，但是必再相會，我在淨土等著。淨土是透過念佛的信心才能見到的世界，若是以言語解釋的話，念佛就是安立於真正淨土教的送別死亡之方式。——老，甚至死後，必於淨土等待再相見。經過今生縱然死亡也不褪色，因為另一個真實的世界在對面等待著。——這種生死觀，最近以來頗受重視。因為，反觀一般人的人生觀，只是擺在這一世而已，這一世的成功或失敗決定一切，所以就牢牢地抓住眼前的幸福，視為生活的一切。然而臨死的時候，回顧過去，諸多往事紛現心頭，種種罣念纏繞腦海，這個尚未完成，那個也尚未完成……死得相當牽掛、相當痛苦。但是，親鸞所覺悟的「生」，與此不同。因為體悟到這個世間並非真實，所以即使默默無聞，依然朝著出世間的真實世界精進不懈，彼岸的世界就為他而開。若是不精進的話，淨土是不存在的，唯有精進走向念佛道路的人才能見得到。

這樣的佛教人生觀，反過來說，即使是活到現在的我，回顧從前，我的人生雖然才剛剛開始，就像一朵花尚未盛開，只是一個花苞而已，想要綻放花朵的時候，卻全部枯萎了。然而若是努力朝著目標前進的話，雖然目標未完成，但是在彼岸的淨土將會有一朵新花開著，靜靜地支持著這樣的人生觀。這與抱持只有此世之價值觀的人生觀完全不同，創造出一個與眾不同的人生觀。或許這種人生觀不會使你聲名大噪，不會使你受到注目，只是靜悄悄的一個人懷著一個理想而活著，同時也默默地慰撫著別人的心，為人設身處地，過著這種生活方式。不去預測結果或是耽心成功與否，也不去期待，縱使不見聞於世，默默地老實地把悲傷藏起來活下去的人生觀。

最能表現這種人生觀的就是印度的人生觀，在這裡向大家介紹一下。「印度」這個字的意思，眾所皆知，原來是「月」(indu)的意思，在玄奘三藏（六〇二～六六四）所著的《大唐西域記》裡作這樣的說明。從語言學來說，印度之名稱是由「印度河」(Indas)而來。「印度」這條大河不時地反映著自我所有一切人生的種種，自我從河流所反映出的人生中學習改進。任何艱辛、任何痛苦，都可以把一己的人生交託給大河，然後再重新出發。「印度」這個語詞可以說正如反映自我人生的「大河」之意。因此，印度人是極為開朗的民族，不會鬱悶不樂的。在這種民族性的背後，若是一生中精進努力，即使中途志業未竟而身先亡，死後仍舊在天上繼續未竟之業，印度人抱持著「逆河而上重生彼岸」的人生觀。由於有這麼一條能夠反映出自己的人生、支持自己的大河，因此，人人即使陷於悲傷，遭受失敗的打擊，也不會憂悶耽心。他們相信只要再努力下去，必有花開的一天，所以能夠默默地、開朗地過著日子。

反觀我們自己，是不是具有這樣的大河或淨土呢？我們具有隨時都可以回歸的原點嗎？在遭受挫折的時候、在辛酸無人知的時候，或許能有言詞上或飲酒的安慰，不過也只能做到這個限度而已。當於任何時候有任何事情發生時，能夠反映出自己，只要是一棵菩提樹的樹下也好，一條河流也好，能夠反映著自己，把一切往裡面丟，然後再出發。如果具有這樣的原點與空間的話，一個新的世界將會在我們面前展開。最近，我特別深深感受到，這一點在我們的生命態度上是很重要的。

其次，尋求超越老死之道而獲得剛才所說的那種人生觀，不用說，是因為親鸞受到法然的人格薰陶所致。所謂修習佛教或修習佛法，若是不能遇到真正體解佛法的人，是難有成效的。遇到真正的善知識、良師，才能深入佛法。我的師父信樂峻麿是京都龍谷大學的教授，我一直在想，如果沒有遇到信樂的人格，就沒有了現在的我，也不能體解佛教的真意。

歌德在晚年時留下了一句名言，具有非常巧妙的象徵性。大文豪歌德說：「自己所有的一切，全部都是從別人那裡得到的。」歌德這句話的意思是說，他所有的高度文學性的作品，都是向老師、前輩們學來的，這句話的意義相當深遠。我們作了種種努力，是為了想營建出一些自己的東西，可是，真正地經歷過遇見了那種人格，就只剩潛藏在自己身體中的東西而已了。換句話說，親鸞之遇見法然，毋寧是親鸞的一生中最為重要的一件事。

若用另一個角度來表現的話，在東方還有一個「道」的思想。在親鸞的著作《教行信證》的最後，就有引用「道」的言句：

「先生導後生，後生訪先生。」

——先出生的人引導後出生的人，後出生的人參訪先出生的人。

中國的道綽（五六二～六四二）說：

「連續無窮願無休，為盡無邊生死海。」（意譯）

老年人與我雖然年紀上有差異，但是走在同一條道路上。我就向先行的老前輩請教如何前進，老前輩則引導腳步尚未穩定的青年人。這條先生導後生的道路，絕不會因死亡而消失，是一條永遠貫通過去與未來的真實大道。這條道路不是只幹到總經理為止就不再前進的道路，而是在世俗門扉的對面，連續著一條死而不消逝的大道。這是親鸞所教的，也是念佛之道的真正意義。

四月已過了大半，櫻花也凋謝了。這個時候或許在別的地方還開著櫻花吧？應該是全部掉光了才對。不過，從親鸞所說的「道」的思想來看，雖然櫻花凋落了，可是將會盛開櫻花的樹幹正在茁長枝枒。「花瓣雖落花不落」這一句有名的話，是著名的大谷大學金子大榮教授所說的，巧妙地讓心再度甦醒過來。

的確！走在同一條道路上，不管是死在這裡，或死在那裡，只要道路存在的話，必定會在這條道路再相見。抱持這樣的人生觀，如同前面所說，只要走上這條道路，向前直往，前方就是淨土，這樣的人生觀就是超越老死之道。老祖父去世了，再也聽不見老祖父經常念佛的聲音，雖然再也見不到老祖父的臉，可是只要一念佛的話，就立刻想起了老祖父的容態，也聽見了他的聲音，這是一條承續念佛者人格之歷史的道路。目前，繼承先人的有形財產的人何其多，但是，繼承先賢真正的人生之道的人，究竟有多少？

神戶大學邏輯學教授塩尻公明所說的話，最近讓我再度深深感動，我想介紹給各位。塩尻教授在晚年時回歸到親鸞的思想，並且寫了一本書，叫做《人生論》。書中對於超越老死悲哀之道，有下面的敘述：

「不僅在自覺快樂、幸福的工作中獲得樂趣而已，更要正面迎接一切人生的負面悲痛、不幸、失敗，並且投入其中，毫不迴避。唯有投入其中，自己才能真正感受人生的充實。為了超越老死，不是留下輝煌的成果或陶醉於成功之中即可，正面承受自己生命上的辛酸、悲傷、別離、失敗、不幸等等經驗，在承受人生的負面之中，不就存在著超越老死的悲哀之道？」

這段話的意思是說，一個人只想獲取人生上的「正面」經驗，他就會有一種只有「正面」才是成功的價值觀，因此，若是遇到與此背反的悲哀情事，就會愈來愈覺得痛苦。從另一方面來說，若是能夠把「負面」的經驗視為真正的自我寫照而加以承受的話，不就是超越老、超越死之道嗎？

依照我的看法來說，這種態度不是消極、卑屈的，不是對人生感到無奈、束手無策的態度；相反的，不把自己的辛酸、醜陋、悲哀置諸背後，而是正面地悉數承受，這是勇敢、積極的態度。因此，若能勇於正視自己的缺失（負面），那麼一切老態、死態的美醜已不再是拘泥的問題，外表、形式不具任何意義。我想，這一點也是下面這一段話想要表達的。親鸞對於人的死態，有一段話說：「生善信（指親鸞）之身，不言臨終善惡。」（《末燈鈔》第六通）此外，他的師父法然也留下了這句話：「臨終已不成樣、宜念佛往生！」（《百四十五箇條問答》）兩人都表示了沒有必要去粉飾「死態」這個表層的東西，生時只管精進念佛，勿管老態、死態為何。

話雖如此，真正要做到承受「以負面為負面」的程度，並非易事。對於這點，就親鸞而言，必須藉著信心所產生的新人格才能達到。

在親鸞晚年八十八歲最後所寫的《彌陀如來名號德》一書中，有一句話說：

「宜知篤信念佛，即得智慧、成佛之身，愚痴斷除。」

——由於不斷地用功稱念佛名，結果，我已經獲得了超越死亡的智慧與自覺，所以成為「成佛之身」。雖然還不是佛，但是確信此身將來必可成佛。老舊的我已死，新的我已誕生，此身是佛所護持的。因此，各種愚痴之心業已斷除。這是親鸞在晚年時所寫的個人心得。所謂信心之道、念佛之道，雖然難以用言語來描述，不過，簡單說，就是通過念佛道的大河來深深地瞭解自我，在念佛大河的培育之下，從自我的內部開始重新再發展成熟出一個真正的人格。

最後，舉一段故事作為說明，也作為今天這個演講的結束。

這是關於一位住在鳥取的因幡地方的老爺爺的故事。這位老爺爺名叫源左，是一位虔誠的念佛者。由於他樂於幫人家解答疑難，所以村子的人都很喜歡去找他解決問題。

有一天，村子裡的一群小孩想要試試源左，就想出了一個惡作劇的方法。他們躲在源左平常回家途中的田埂等待，因為那時還是古時候，源左背上馱了一堆柴從遠處走回來。等到源左經過田埂時，有一位小孩突然跑出來從後面把他推倒，源左不注意之間被推，於是滾落到田裡去，躺在田中爬不起來，背後的薪柴也沾上一層厚厚的泥巴，更增加了重量。小孩子們以為源左會生氣，很快地逃到樹下躲藏起來，靜悄悄地觀看源左的樣子。經過一會兒，源左把被泥巴弄濕的薪柴挑上肩，腳步蹣跚地再回到小路上。不過，一點兒也不動怒，也不看看四周圍，只是嘴巴唸唸有詞，開始走回去了。一位覺得奇怪的小孩，看到源左口中唸唸有詞，以為他是不是在生氣？到底在唸些什麼？十分好奇，想要到他的身邊來一窺究竟。當這位小孩假裝若無其事經過源左的時候，只聽到源左反覆地這麼說著：「能忍嗎？源左！可以忍，源左！南無阿彌陀佛！」

源左原本是一肚子火的，可是他以另一個念佛的自我來看剛剛遇到的事情，那是一個將要成佛的「成佛之身」在反觀自我。因此，源左就問自己：「能忍嗎？源左！」剛才我們說過一條大河反映著自己，現在源左透過念佛，以念佛的鏡子來映照自己，看到了一個正在生氣的自己，所以就對自己說：「可以忍，源左！」以這種方式來全盤接受自己所遭遇的事情。在這裡，我們看到一個真正的虔誠念佛所培育出來的榜樣。我們在生氣的時候，自己看不到怒氣，但是，源左在信心深篤的澄清湖裡，看見了反映在上面的生氣的自己。

此外，源左還有一句口頭禪，自己的兒子或朋友死了，都說：「歡迎！歡迎！」不論是遇見傷心的事、快樂的事、喜歡的人、討厭的人，都是以「歡迎！歡迎！」來迎接他們。從源左的身上，讓我們學習到真正的不拘喜惡的高深人格。這種不專挑自己中意的境遇之情操，以「歡迎！」來面對世間一切的源左之態度，是我們所要學習的。

以上，講得不大好，敬請原諒！如果這個三十歲的人不太成熟的看法，能讓各位有些微感受的話，則是本人的莫大榮幸了。

4 清澤滿之的生與死

田代俊孝

滿之的生涯

清澤滿之是明治時代的大哲學家和宗教學家，但是知道他的人並不多。

因此，首先我想從他的年譜來介紹清澤滿之是怎樣的一個人物。他出身於名古屋，原名為德永滿之助，後來皈依佛教，把名字改成「滿之」。

清澤滿之於一八六三年（文久三年）出生在名古屋市黑門町。愛知外語學校畢業之後，由於雙親都是虔誠真宗信徒的家庭之故，他就出家了。法號賢了，入東本願寺的育英教校接受僧侶養成教育。之後，奉命到東京去留學，首先進入東京大學預科，然後就讀文學部。當時，由於發生種種的學生騷動事件因而休學，後來再復學。他是接受東本願寺的獎學金而前往讀書的。一八八七年從東京大學的哲學系畢業，並進入研究所專攻宗教哲學，同時也在第一高等學校與哲學館兩所學校兼任教師。

哲學館是與滿之同門的東本願寺僧侶井上圓了所創辦的，是今日東洋大學的前身。清澤滿之與井上圓了相當要好，所以就到井上圓了創設的哲學館擔任教席。

之後，明治二十二年（一八八八），清澤滿之自東京大學畢業，就任京都府立尋常中學校長。這所學校原先是「大谷尋常中學」，屬於真宗的私立學校。正好當時的京都府發生財政困難無法經辦教育，所以就與大谷尋常中學合併。

其後，一八八九年清澤滿之在《哲學館講義錄》發表了〈純正哲學〉一文，開始了活躍的學會活動。一八九〇年，二十八歲辭掉中學校長，專心致意於禁慾生活。接著，自一八九一年與稻葉昌丸等人醉心於宗門改革運動。其間，發表了《宗教哲學骸骨》一書。一八九三年，於芝加哥的宗教大會上發表了英譯的《宗教哲學骸骨》，頗獲好評。

一八九四年，滿之三十二歲，因為罹患結核病而辭掉教辭，到兵庫縣的須磨西垂水接受隔離治療。大谷尋常中學的校長職務就交代澤柳政太郎。一八九五年，滿之見到學制改革遭受頓挫，於是中斷療養，與村上專精、南條文雄等人提出「寺務改正」的獻言。同年，完成了《他力門哲學試稿》。

結核病日愈加劇，但是滿之於一八九六年的三十四歲，與今川覺神、井上豐忠、稻葉昌丸、月見覺了、清川圓誠等人於京都白河村（今日的左京區北白川）共同組成「教界時言社」，並出版《教界時言》，推展宗門改革運動。他曾有一陣子被宗門除名，但是於一八九八年被解除了這個禁令。這時，他接觸到羅馬哲學、斯多亞派的《依比提達士語錄》等。

之後，一八九九年，寄居於同期就讀東京大學東京本鄉的近角常觀（滋賀縣湖北町出身的東本願寺僧侶，設立「求道舍」）家中，就任代理真宗大學學監——今日的大谷大學。原先稱為京都的高倉學寮，在這年以真宗大學的形式於東京的巢鴨開學。不久之後，這所真宗大學隨即遷移到京都，稱為大谷大學。

一九〇二年（明治三十五年），滿之四十歲，遇到了學生的抗爭活動，因而辭掉真宗大學學監一職。長男信一、妻Yasuko因結核病相繼死亡。而他本人也於一九〇三年（明治三十六年）以四十一歲亡故。絕筆著作為有名的《我之信念》。

以上簡單介紹了他的生涯。

於不治之病中

為什麼我今天特地選擇介紹清澤滿之呢？他自己罹患結核病，在當時看來是不治之症，就像今日得到癌症的病人一樣。——在這種狀況下，專攻哲學的他如何超越死亡，其中必有可資學習的地方，所以就選擇了他。

他只活了四十一歲即終其生涯，他的四十一歲生涯，可以說是在生死難卜的狀況下度過的。在面對死亡的陰影下，他的學問也在不斷地思考中由西洋哲學轉到親鸞的思想。三十歲過後，痰壺就一直隨身而行了，可以說天天過著咯血痰壺的日子。換句話說，在死亡當前的陰影下苟延生命。

可是，他在學生時代並沒有這麼嚴重。在他就讀東京大學期間，曾經寫了一句佛教所說的「生死即涅槃」有關死亡的話，整整齊齊地寫在摘記或講義筆記上。當時，他的代表作是《宗教哲學骸骨》。在這本書中，也把死亡視為課題：

「所謂哲學，研究死亡之學也。哲學者，每日皆為死而準備。」

——也許過份誇張也說不定，不過，他認為哲學就是「研究死亡之學」。當時，哲學對他來說，不管是對學問上的關心或是一種興趣，生與死已經是他所關注的課題了。亦即，他所關注的不是自己身上的生死問題，而是帶有哲學性意味，用簡單的話來講，就是用理論性的思維來研究生與死。

三十歲過後，一八九四年他三十二歲這一年，轉到垂水這個地方作隔離治療。之所以要隔離治療，是由於結核病已經相當嚴重了。由此可知，在二、三年前，他早就罹患結核病了。

大約是在寫完《宗教哲學骸骨》之後，他就開始對「死」這個課題發生興趣，不過這不是知識性的興趣，而是橫亙在自己身上如何超越死亡的問題。

關於這一點，可以從他於一八九四年所寫的《保養雜記》來理解。開頭這樣寫著：

「蓋宗教也者，豈非吾人最重要者歟？」

接下來，繼續寫道：

「宗教之定義雖有數則，然最簡適者，即宗教係就死生問題予以安心立命者也。」

他的「蓋宗教也者，豈非吾人最重要者歟？」這一句話是說宗教對我們而言是比任何東西還要重要的；因此，「宗教係就死生問題予以安心立命者也」。這句話表示了從知識性欲求的宗教學或哲學轉到「吾人」上，換句話說，也就是站在主體性的立場或自身的立場來學習宗教。因此，「死」就從單是概念上的問題轉變成今後自己自身生存上的課題，開始提出主體性的問號。在面對死亡之後，滿之他開始把宗教視為「係就死生問題予以安心立命者也」。這句話也表現了他有感於唯有宗教才能使他自己從死亡的不安解放出來。從此以後，他就把痰壺擺在身邊，在不可預知的迫切之中，拚命地尋求「解脫之道」。

生死等同

在他三十四歲（一八九六年）的時候，寫了一段有關釋尊誕生的四月八日花會的文章，相當有趣。其中他這麼說，在釋尊喜慶的生日裡，提到了死：「釋尊出現於此世，歡欣喜慶」——亦即，釋迦牟尼佛出生到這個世間，是大喜大慶的事情，然而，請細加思考：「出生於此世，決非可喜可慶之事，離此世往生淨土，乃是真正可喜可慶之事。離斷生死之迷妄，覺悟不生不死，方是可喜可慶之事。」——真是一言道破，「覺悟不生不死」。覺悟不生不滅、不生不死，才是真正的喜樂。並非只有慶祝誕生，也要平等看待死亡。必須離斷生死纏縛的世界，覺悟不生不滅。這是這句話的意思。

再來，於一八九八年的日記中，他更進一步地說：

「視死生同等者，不覺現在苦。其未脫苦者，未悟死生同等之故也。」

又說：

「死為生之母。」

事實並非只有生而已，生與死是相等並存的。換句話說，就是互為表裡。更甚者，因為死的緣故才能看得見生。

在這樣的思想之中，他把「死」視為課題。剛好在這個時候，他接觸到了三部書。一部是《阿含經》，這是相對於大乘佛教的小乘佛典，也是以記載釋尊傳記為主體的經典。其次，是他偶然於明治三十一年九月十九日在友人澤柳政太郎家中作客時，無意間在書架上所看到的一本書，就是《依比提達士語錄》，這是羅馬的哲學書籍，偶然地與它碰面了。此外，另一部書，就是《歎異抄》。關於《歎異抄》這本書，應該早在很久以前就已經接觸了。不過，當時他稱這三部書為「我的三部經」。

他在《依比提達士語錄》中體會了這些話：

「此次向澤氏（澤柳氏）借來羅馬大哲依比提達士之遺著誦讀。（中略）死之恐怖為之除去。雷電閃光隨心飄揚，斯爾始知存於氣靜神閒之主宰才能之中。（中略）死生有命，富貴在天。此是讀依氏要領有感。」

這是他看過《依比提達士語錄》之後所寫的一段話。「死生有命，富貴在天」——原本是《論語》所說的——通過這句話，他自覺到親鸞所謂「自然法爾」的立場。親鸞的自然法爾，就是「如其所有，如其所成」的立場，也就是自然其是的立場。

從這個立場來說，我們的所謂煩惱，都是「盤算」。例如想要長壽，或是想要平安無事地壽終正寢這般的「盤算」。這種盤算在遇到無限時，砰然粉碎，不管是長命或是短命都好——慘遭橫禍也好，怎樣的死一概都好。親鸞的自然法爾——我們原原本本在那樣的無限之中，「如其所有，如其所成」，卻被愈長命愈好、如意地壽終正寢等等價值觀所束縛——或許可以說成「妄想」——人就抱著這種妄想。因此，藉著值遇無限來破除這些妄想，當下就是被拯救的世界。這種容受的態度，就是「死生有命，富貴在天」——生死所謂的「命」就是如來的命……。套用依比提達士的話，可以說就是神的盤算。或是如其所有，如其所成，全然委身的立場。他是以這種態度來接受的。

不如意的自覺

在值遇那些話的同一天的日記裡，滿之寫著：

「有如意之事，亦有不如意之事。云何如意之事？此為意見、發動、欣厭也。云何不如意之事？此為身體（疾病屬此）、財產、名譽、官爵。（畢竟）無有屬於一己之物。於如意之事，吾人自在，不受限制及妨害；於不如意之事，吾人脆弱、奴隸、置於他力掌中。誤想此區分時（即以不如意為如意，對之而生煩惱時），吾人遭受妨害、陷於悲歎號泣、乃至怨謗神人。嚴守如意之區分者，無有抑壓、不受妨害、不誹他人、亦不怨天、亦不傷人，天下無有怨敵。疾病、死亡、貧困為不如意之物，若能遠避，能免苦鬥。」

這是當時日記所寫的一段話。後來，原原本本收錄在《有限無限論》這本著作之中。把財產、名譽、官爵等單純地視為不如意的話，就會造成問題。或許是受到時代的感覺所制約的緣故吧？然而，所謂的「命」，正是如此！

亦即，他以如意、不如意的立場來思索「生命」。與其說是思索生命，不如說是正視生命。所謂如意，就是依照所願而成事；所謂不如意，就是不能依照所願成事。然而，「命」並不是如願所成的，亦即是不如意的。生病是不如意的事，年老也是不如意的事。可是，我們卻想把它變為如意的事，把生病、或是欲想永保青春等不如意的事認為是如意的事。在自己的腦中，意想著青春永駐。然而，我們的身體確確實實地日益衰老。這種事實與我們所抱持的永保青春之妄想產生了差距，就造成「老」的痛苦。或是在自己的腦中盤想著自己的身體如何如何、一切如意、健康等等。健康固然是願望所求，但是事實上，只要是父母所生的身體，都會生病。如此一來，這種事實與我們腦中所想有了差距，於是產生了「病」的痛苦。或是自認為自己與死無緣，別人會死而自己不會死，能夠活命長存，然而事實上，明日會發生什麼甚難預料，呼出一口氣後，還能再吸入一口氣嗎？還有明天嗎？自己的意想與事實有了差距，造成了對「死」的不安，對「死」的痛苦。

因此，清澤滿之把「病」、「死」視為不如意——非自己的意想所及，這是事實！把病、死視為如意，就是妄想！因此，藉著對事實的認識來粉碎不實的妄想。基於這個立場，生病，理所當然！死亡，理所當然！年老，理所當然！立足於這個觀點之上，他才得以安心、穩定下來。這樣的容受態度——所謂的不如意，就是「死生有命，富貴在天」的世界，可以說是依託絕對無限的他力的世界。

依比提達士的思想滲透在滿之乾渴的心中的結果，就是如意與不如意的邏輯。亦即，他自己破除了當時的「生死如意」之妄想，覺悟到「生死不如意」的事實，自覺到無限、不如意的世界。在那一瞬間，他破繭而出，安穩於寂靜的境界之中。這個安穩的世界，他稱之為「落在」（譯注：含有自在的意味，安然自在之意），或以「落在者」這句話來表現。誠然是一個超越死亡恐怖的世界。

當時，他依照「了知自己」的教導來觀察自己，亦即思索「自己為何？此乃人生根本問題；所謂自己，無他。」——這是《絕對他力之大道》書中的話，也是滿之所喜愛的一句話。《大無量壽經》之中有一句話：「汝當自知！」不論東洋、西洋都有相同的這句話。所謂「自知」，就是了知如實的自己之意。對於如實老逝的自己、如實生病的自己、如實趨向死亡的明日，一概了知，這就是自己。了知這一個事實的時候，就發現到一個不如意的如實自己。

舉例來說，像目前流行著一種「安然信仰」，期望能夠安然死去，也不知道到底有沒有這樣的佛或神，反正一窩蜂跟人家去拜就是。愈是期願能夠安然死去，愈是陷於痛苦的深淵。

怎麼說呢？因為即使成天在腦中一直想著安然死去，事實並非如此，所以愈是想要如願，與現實的差距愈是加大。因此，若是抱著怎麼死都好的態度時——痛的時候就叫喊著痛，苦的時候就呻吟著苦，死的時候就欣然就死。因為，我們究竟會有怎樣的死法，是無能預測的。也許會遇到交通事故而死，或許會遇到墜機事件而死，怎麼的死法完全不知。瞭解這點之後，就能夠真正的安下心來。這就是滿之的立場。

「隨順業緣而來之疾病、死亡、貧困，為不如意。疾病障害身體，必與意念有關。」他說：「是故，欲避之則苦悶難免。」——意圖逃避自然的變化，愈是逃避愈是痛苦。妄想以如意來代替不如意，想要逢凶化吉，終究是要滋生痛苦的。我執就是痛苦的根源。對於這樣的體悟，滿之以「死生有命，富貴在天」這句話來表示。的確！他以這句話來掌握依比提達士的思想根本，以這句話來詮釋親鸞的「他力」。這句話當然也是清澤滿之的絕筆著作《我之信念》中的結語：

「如來能力橫亙十方，自由自在、無障無礙。吾寄託如來威力得大安樂大安穩。吾將死生大事寄託如來，無有絲毫不安不平之感。蓋有云：『死生有命，富貴在天』，吾所信之如來，乃是天命根本之本體也。」

——這句話原原本本地從日記轉錄到《我之信念》這本書裡。

就這樣，他在咯血不絕的日子中面對著死亡，或是在瀕臨死亡之中，體悟到這些話，為他開啟一種新的心境，因而進入一個自在的世界。

不過，這個邏輯是依本身為主體的立場而自覺所推演的方式，絕不是模仿他人的想法而構思的。如果是這樣的話，那就沒有什麼特別了。總之，這是一種對無能逃避的死亡之自主性接受的方式。

「落在」者

此外，滿之還有一段話表示了他的看法：

「何謂自己？無他。乘托絕對無限之妙用，任運法爾，落在現前境遇者，即此也。唯是乘托絕對無限，故死生之事亦不足憂。死生既不足憂，又何有較之而下之事項乎？追放可也！牢獄受之甘也！誹謗、擯斥、眾多凌辱，又豈介意哉？我等唯是安樂於絕對無限所賦予之我等者也。

我等難免一死，然我等雖死，我等不滅。我等非唯有生，我等亦有死也。我等生死併有者也；我等無能左右生死，我等乃生死以外靈存之物也。是以，生死非我等可自由指定而得，生死全然依托不可思議他力妙用。故，我等於生死不足悲憂，生死亦然。況乎其他之轉變？

我等寧可於宇宙萬化之中，唯是讚賞彼無限他力之妙用耳。」

如同這段文字所說，當於己盡人事、達到進退極限的時候，那樣的世界就隨之而開。這可說是超越生死凌辱所體悟的「無礙之道」。亦即親鸞的無有任何妨礙的立場，也就是立於無礙之道上。從科學的極限、分別的極限體悟到不可思議的滿之，再度重新對這般存在的自己作一番檢討。

「不可思議」這句話在《末燈鈔》裡也有：「他力以無義為義，不可稱、不可說、不可思議之故。」不可思議這句話，不像一般人所說的「真是太不可思議了」的不可思議，應該是「不可思、不可議」的意思，也就是超乎思量、計度的世界。如同前文所示，超越對不如意世界所作的一切思慮願想——不是我們所能如意的，命也不是我們所能如意的。命是「不可思議」的，是超乎思維的世界。

滿之再度自問著：「何謂自己？」他自己回答：「所謂自己，無他。」「何謂自己」這句話，如前文所示，就是對「找到了如實的自己」的發問，由此，站在主體的發問上，自己回答說：「所謂自己，無他」，除了自己以外別無他人。亦即，以自身為主體來自我教示。因此，也表示了當站在「非關他人，此唯我事」的立場時，任運法爾的世界就為之而開。也就是滿之站在「自己的死、自己的生」的立場上，來看待自己和世間。

死不是「他人之事」，而是「自己之事」。「所謂自己，無他；所謂生死，無他，一己之事」，是自己個人的問題。把緊逼自己而來的事實視為課題，求神拜佛或是祈願，都是無濟於事的！所謂求神拜佛——我不知道各位會不會認為這是一件很矛盾的事，不問問自己而去問神問佛，這是沒有用處的。這不叫做祈求，例如以「願百年長命」、「願疾病痊癒」這種延長自己慾望的形式來祈求神佛，是一無是處的。這只是祈求奇蹟的出現而已。這不是真正的拜佛，只不過是拜自己的慾望而已。換句話說，是為了滿足自己的慾望而來利用神佛。這種出發點的願求，是不會成就的。被慾望牽引著，不論走到哪個地方，都逃不掉苦和迷的。不把自己當課題，自己只是隨波逐流，在延長慾望的情況下再怎麼祈求，到底是無有用處的。倒不如改變這種價值觀，不去祈求發生奇蹟或是祈求消除苦惱。——而是真正去體悟病、死的本質，病並不是什麼大不了的事，死也不是什麼大不了的事。有了這種體認，並不是奇蹟的發生，而是因為價值觀改變的緣故。由於思想整個改變，所以對生病就能夠從容接受，對死亡也能欣然接受，這才是真正的救度。

今天，在眾多假藉宗教之名的事物之中，有許多不正確的成份。所以，如果我們自己不具有正確的宗教判斷力，很容易陷入迷惑的世界。

總之，滿之以「所謂自己，無他」來正面迎向自己的究極課題——死，同時，他自己也體認到死是自己的死，並且欣然接受。正面凝視死亡尋視自身的結果所覺知的，就是「乘托絕對無限之妙用，任運法爾，落在現前境遇」。這是滿之所體悟的結果。發現到這樣的自我，為死所束縛的念頭已經粉碎，不可思議的妙用、他力的妙用立即現前。

所謂「任運」，並非放置不管的意思，而是信任一個自己的念頭所不及的世界。亦即自覺到分別是無用的世界，顯示出我執已破的境界，也就是一個我執（自我）、分別已經破除的世界。

另一方面，若還處於自己的生死如何如何的妄想、自我的世界，懷疑的眼睛被外表所矇蔽，便無法看到廣闊的世界。原本應是站在一個廣闊的世界，卻因我們自身的我執、分別把自己關在一個自閉的世界——妄想如意的世界。而認清不如意的世界，是超越自閉的世界，一個廣闊的世界。自己原本應該是在一個廣闊無垠的世界之中，然而我們卻置身於一種自閉的世界，亦即被自己的妄想所束縛的世界。

滿足的生，滿足的死

思想束縛人，或許各位會感到很奇怪，然而我們卻一直被思想束縛著。舉例說，當我們乘坐電車時，若把裝有錢皮夾的皮包擺到網架上，我們就不敢到廁所去。若是別人的皮包，則沒有這種問題……。這就是「自己的皮包」的執著影響我們，皮包並沒有用一根繩子把我們緊緊捆綁著，而是我們對皮包所產生的慾念束縛我們自己而已。再舉例說，若是穿了一件新褲子，我們就不敢隨地坐，反過來說，要是穿了一件破褲子，什麼地方都敢坐。這是因為受到「我的貴重褲子」這個想法所束縛的緣故。我們就這樣子被我執、分別心牢牢地束縛著，過著痛苦的生活。對一切起了種種的分別心，社會地位高就是好，社會地位低就是不好；價位高就是好，價位低就是不好——在這種好壞差別之中，抱著增上慢（優越感）而覺得高興，或是抱著卑下慢（自卑感）而感到無地自容。

稍加思考的話，我們所謂的每天的煩惱，無非是增上慢與卑下慢所產生的苦惱。這是一個被這種價值觀牢牢綁住的世界。佛教稱這個叫「煩惱」。

生命的問題與此相同，活愈久愈好，短的話就太可惜了——假設我現在死掉的話，也許大家會覺得「好可惜喔！才四十歲就死了。」可是，若是活到九十、一百歲的人死掉的話，大家就會說：「是大往生哩！」不過，他本人是否自認是大往生還是個問題，也許他想要活到一百五十歲，卻想不到才一百歲就夭折了。這就是以長短的價值觀來衡量事物。以這種價值觀想要延長自我的慾求，而利用神佛祈求禱告。處在這種價值觀的世界，無論何時何地只不過是一個自閉的世界而已。這樣的價值觀在遇到所謂的「無限」——亦即遇到如來——的時候，在質問我執或執著的本質之際，即是在這種價值觀被粉碎而回首前塵的時候——並非對方改變，而是自我改變——一個真正的安心世界、真正安穩的世界就為之展現。

上面所說的，也就是清澤滿之所立足的「生死不足憂」的心境。也是「追放可也！牢獄受之甘也！誹謗、擯斥、眾多凌辱，又豈介意哉？」——無有任何恐怖的「無礙之道」。因此，若是超越死亡問題，其他一切都不再是問題了，受之如飴，所以說：「我等唯是安樂於絕對無限所賦與之我等者也。」滿之的生命誠然短暫，在當時罹患嚴重的結核病的情況下，體悟到「病是賦與無限之我者也」，並且安樂於當前患病的事實。這是超越生死、超越一切，歸於一切無礙的世界，正是「落在」自然法爾的世界——一個真正滿足、真正自在的世界。

我們所說的「滿足」——現在，我們從滿之的用詞裡可以找到「滿足」與「自在」兩種用語。這裡所說的滿足，並不是把量擴大的這種滿足，我們在說「滿足」的時候，立刻想到把量擴大的這種滿足。然而，在量的方面無論你怎麼去擴大，並不會獲得真正的滿足。活到一百歲更想活到一百五十歲，活到一百五十歲則想要能夠活到二百歲。這只不過是我們的妄想而已，其中並無真正的滿足。

在天親的《淨土論》中，有一句話說：「宜速滿足」——此處所說的「滿足」，並不是量的擴充之滿足。親鸞把它解釋為「自體滿足」（《論註》），親鸞說：「滿足其身」（《尊號真像銘文》，意即以主體性的立場來接受。換句話說，像剛才所說的，當立於不如意的時候，或以滿之的話來說，就是「追放可也！牢獄受之甘也！誹謗、擯斥、眾多淩辱，又豈介意哉？」——老來、病來、死來、悉數來吧！並不以活到百歲、二百歲而感到滿足，活到三十歲也滿足，活到六十歲也滿足，活到八十歲也滿足。再進一步說，若把所謂長短的生命價值觀加以轉變的話，三十歲也是燦爛的人生，六十歲也是燦爛的人生。亦即，可以說是覺悟到無限，則我執、分別、標準等都被粉碎。覺悟到無限時，則能夠立於「我等唯是安樂於絕對無限所賦與之我等者也」，如此，能夠活到幾歲都欣然滿足。現在，滿之在絕筆書《我之信念》的末尾寫下：「吾將死生大事寄託如來，無有絲毫不安不平之感」，同時，在每一剎那之間精進努力。如此，「明日又如何」的未可知的生命，就能夠在我們的眼前展現出來。從那一剎那開始，每一剎那每一剎那都精進生存著，這樣就是一個真正滿足的人生。

我們都認為這個肉體的生命是永遠的，可是從現實看來，明日難以逆料，還有一個明天嗎？若能警覺到這一點，就不會讓一剎那一剎那徒然空過。如此，活到幾歲都能滿足。

對死亡無能為力的我們，唯有值遇無限、絕對的真理。亦即，唯有覺悟如來。對於依於業緣而存在的我們，不管是生是死都難能如何，是不如意的。而超越生死之道，並不是祈求不老不死或是祈求奇蹟，也不是千方百計作種種作為。而是我們自身必須轉變受到束縛的一切計量分別的價值觀，積極地投身到如實的世間裡去接受一切逆境。正如《觀無量壽經》所說，韋提希夫人在王舍城的牢獄中獲救，就是一個例子。

滿之接受了「死」的事實。他所說的「自己為何？」這句話中，似乎只是自己內心的自問而已。但是，我認為他說的「自己為何？」若是依前後關係來說，可以說成「生命為何？」或是「死生為何？」的前後呼應關係。破除死生如意的妄想，覺悟到那是不如意的；覺悟到無限的他力，繼而超越死亡的不安、超越死亡。如此，他所說的「自己為何？」這句話，也可以說就是「死生為何？」、「生命為何？」而予以接受。就這樣子，他在所謂如意、不如意的立場中，接受了自己即將死去的身軀，也可以說是入於一個超越的世界。

生死巖頭，大死一番

滿之的每日生活，如同下文所述：

「獨立者常立在生死巖頭，宜自殺戮、餓死覺悟之。既已覺悟殺戮、餓死……」

此處可以看到「立於生死巖頭」這句話。亦即，正面迎向生死，站在生死的分水嶺上面，以這種態度過著每一天。

他的晚年日記，有一部分以《解脫》為題另外出書。其中寫道：

「所謂解脫，即解脫對生之單方執著之妄念。」

——所謂解脫，如同「生死解脫」這句話所說，意味著佛教所說的開悟。接下來寫著：

「解脫對生之執念者，並非有如一死。身心之解脫，所謂死後仍有未來之教旨，蓋由這般根據所出。故吾人於生中觀取幾分解脫之妙致，吾人須有所謂臨生死巖頭大死一番底心地。所云臨終逼前信心喜樂者，即此也。是故，勿誤認解脫乃死中事，解脫絕非僅限於死中者也。」

——在這裡可以看出，他把「當下」的死作為課題的基本立場。亦即，立於生死巖頭大死一番，臨終逼前，「當下」信心喜樂。

「當下」覺悟生命。

平安朝時代的淨土教，動輒主張「臨終往生」，這是一種厭此世欣來世的立場。當然，這與時代背景有關。所謂平安末期，正是霍亂、天花流行的時候，人民遭受疫疾死亡無數；在這樣的情況之下，人人對此世間喪失信心，無能為力。因此，就產生了「欣求來世」的念頭，以「往生未來」的形態作為來世的救度，就在臨終的枕邊放置一尊「來迎佛」，以臨終正念祈求接引。相對的，鎌倉佛教則主張現生救度——特別是親鸞與道元。親鸞的「住正定聚不退轉」的立場是其代表。這個主張的意思是說，於現世定可往生聚集淨土而不退轉。這不是死後的事，而是現世；也不是臨終，而是現在。因此，並不是在臨終逼前之際，才把死的問題等到臨死的時候來解決，而是把死的問題放在當下來思考。在親鸞的信函集《末燈鈔》裡這麼說：「非待臨終，非祈來迎。」

並非臨終的意思，就是於臨終逼前之際，「當下」正視死亡。這樣的解脫，既不執著生，也不執著死，可以說是超越生死，離一切執著。換句話說，他並不是在死後才來求解脫，而是在每一個日子的「當下」，正視死亡，日復一日、年復一年連續無間過著這樣的日子。看起來，似乎是一種極為緊張的生活方式。總而言之，一直把死的問題作為擺在「當下」的課題，過著日子，這就是他所說「立於生死巖頭」這句話所表達的。因此，這可說是相當緊張，或處於分水嶺那樣的生活方式。

再說，面迎死亡的人、或是在心理上早已有死的準備的人，都是以出離生死或超越生死為第一要務。這並不是說，對於國家社會的問題或是世俗的問題就放置一旁，不聞不問，絕非如此。國家社會也是和個人生死一樣，是一同站在生命的態度來思考的。換句話說，國家社會的問題，也是生命問題的根柢。這並不是深藏於個人之內的問題，而是對生命有共同的感受而發出共鳴，是為了獲得共有的生命而實踐發動的。這是基於這種信念來看國家問題與社會問題，所以，在根本上，還是站在生命的這個主題上。若是站在生命的立場上，就不會漠視國家、社會的問題，而是站在生命的立場上來思考國家、社會的問題。立足在生命上，我們所生存的一切事物，莫不是佛事。探究生命就是當下的佛事，國家社會也是以生命為根基的。更進一步說，為維護生命的尊嚴性之故而形成國家社會的問題，這種國家社會問題亦可視同佛事。清澤滿之對社會問題，並沒有積極發言，這是我個人對此所作的解釋。

總之，在清澤滿之的立場上，對生死的問題是以這樣的態度來超越的。所說的寄託如來威力可得大安樂大平穩，就是說他本身值遇到絕對無限。究竟是什麼能讓他對生死感到滿足的？除了「天與命根本之本體」以外無他。於今生值遇如來，使他「一切不足憂，無所介意」，處於「落在」境遇。所謂「落在」境遇者，就是無生無死、不生不滅、無生之生。

滿之當時所患的結核病，在今天來講，就是不治之症；然而他在死亡的陰影中以這樣的態度來超越死亡。這是值得我們學習的。

跋

本書是以感受親人死亡而覺悟人生的本研究會會員之發表為中心所編輯而成的。每一位都表達了親身體驗的心聲，個個都有極大的迴響。

所收各篇都是自一九八九年至一九九〇年之間，於同朋大學研究例會所發表的講稿。對於百忙之中惠予發表，還有協助校對的各位女士先生，謹致謝意。

此外，對於平日擔任本會義工的同朋大學之筆者所屬研討會的諸君，ＯＢ諸位，以及對於秉持同朋大學建校精神惠予種種方便與援助的大學當局等，表示由衷的感謝。

最後，對於惠予出版本書的同朋舍出版編輯部的檀特隆行、大限真實兩位先生，以及QUIKS公司的松葉洋一先生，也一併致謝。

探討生死問題研究會（毘訶羅研究會）代表　田代俊孝

一九九一年六月

作者簡介

和田耕正(Wada Kosho)

一九一五年生於日本岐阜縣。大谷大學肄業。真宗大谷派照明寺前住持。

著書《讓我活在今天》(自費出版)。

丹羽惠美子(Niwa Emiko)

一九三九年生於日本愛知縣。愛知縣立女子短期大學畢業。主婦。

河村とし子(Kawamura Toshiko)

一九二〇年生於日本兵庫縣。東京女子大學國文學系畢業。萩女子短期大學教授。

森島正視(Morishima Masami)

一九二四年生於日本愛知縣。名古屋大學醫學院（外科、病理學）畢業。歷任名古屋市立大學、名古屋大學醫學院醫師，現任新瑞外科婦產科醫院院長。醫學博士。原愛知縣縣議員。

尾畑文正(Obata Bunsho)

一九四七年生於日本三重縣。同朋大學畢業。大谷大學研究所博士課程修畢。同朋大學文學院副教授。

和田正之(Wada Masayuki)

一九四一年生於日本岐阜縣。大谷大學畢業。歷任國小教師、社會指導主任委員。現任真宗大谷派照明寺住持。

鍋島直樹(Nabeshima Naoki)

一九五九年生於日本兵庫縣。龍谷大學研究所博士課程修畢。龍谷大學專任講師。

田代俊孝(Tashira Shyunko)——編者

一九五二年生於日本滋賀縣。大谷大學研究所博士後期課程修畢。同朋大學副教授。本研究會發起人代表。

著有《尋求開闊的世界——解開拒絕上學心結的歎異抄》（每日新聞社）、《親鸞的生與死——從死亡教育之立場談起》（法藏館）等。

生死學叢書書目

揮別癌症的夢魘

羽生富士夫／著
何月華／譯

癌症是現代人健康的頭號殺手，您對癌症認識多少？癌症等於絕症嗎？不幸罹患癌症的話，要如何面對死神的挑戰？具有「上帝之手」美譽的日本名醫，以他個人的切身經驗，懇切地告訴大家，以知識對抗癌症的重要，以及許多與癌症有關的預防、醫療等方面正確的觀念，是重視保健與生命品質的現代人必看的著作。

無生死之道

盛永宗興／著
郭敏俊／譯

面對人生的生老病死，您作何感想？對於世間一切的生生死死、死死生生，感到迷惑不解嗎？請聽日本著名禪師盛永宗興娓娓道來，以生活化、深入淺出的例子，帶領我們參透生與死的迷霧，體會「一期一會」、「遊戲三昧」的生命哲學，活在每一刻當下，生死將不再是人生痛苦的代名詞。

凝視死亡之心

岸本英夫／著
闞正宗／譯

本書是日本已故宗教學者岸本英夫與癌症搏鬥十年的心路歷程。當獲知罹癌，並被宣判只剩半年壽命後，他除了接受必要的手術治療外，也開始思索生命的本質，並陸續寫下手術前後，他在死亡威脅下的心理調適和哲理思考，他也因此將肉體生命從半年延長為十年。這其中艱苦的奮鬥歷程，句句珠璣，斑斑血淚，值得品味。

美國人與自殺

赫華德・庫盧諾／著
孟汶靜／譯

本書從心理、文化的角度探討美國人的自殺行為，並以十分具有啟發性的方式，陳述出過去三百年來西方社會對自殺行為的探索過程。作者成功地綜合了西方各學派分岐的自殺行為理論，而發展出一套嶄新且具有說服力的論點，在心理與歷史學界贏得極高的評價，對研究早期華人移民的自殺行為亦有助益。

宗教的死亡藝術

肯內斯・克拉瑪／著
方蕙玲／譯

本書以比較性、宗教性的方法，探討世界主要民族與宗教關於死亡、死亡的過程以及來生等等課題所採取的態度與做法。讀者將可發現，書中所列舉的每一項宗教傳統，都在指導它的實行者，不僅在死亡前，同時就在死亡的片刻裡，就能技巧地掌握死亡。死亡可說是一門牽涉到肉體死亡與再生經驗的宗教性藝術。

禪僧與癌共生

鈴木出版編輯部／編
徐明達
黃國清／譯

一位因罹患癌症而被宣告只剩三年生命的禪僧，如何活在癌症的病魔下，如何掌握人世間的生死，將餘生投注在什麼地方？本書即是與已故荒金天倫老和尚（日本臨濟宗方廣寺第九代管長）交往過的人，藉他們的證言撰集而成的報導文學，將老和尚以三年餘生充實為精神上三十年的生命風采，再度活現於紙上。

死亡的科學

品川嘉也／著
松田裕之
長安靜美／譯

人為何一定得經歷死亡？老年是否真的是人生的累贅？「腦死」就意味著「死亡」嗎？……這些疑問，在本書中都有詳盡的討論與解答。作者從生物學的角度出發，探討與生物壽命有關的種種議題，進而提出人類面對生死問題時應有的認識與態度，是一本將死亡學提昇到科學研究的難得之作。

死亡的真諦

小松正衛／著
王麗香／譯

當被問到：「如果人生可以重來一次，你希望擁有怎樣的人生？」多數的回答可能是出身好家庭，擁有高學歷，事業穩固，平安幸福過一生。但本書作者卻說：「世間非常艱苦，人生難行，但一路行來的人生，我還想再走一次。」是什麼樣的經歷與啟示，讓他如此達觀？請隨著作者一路前行，游入古聖先知的智慧大海……。

輪迴與轉生

石上玄一郎／著
吳村山／譯

「生死事大」，為了探究它，各種哲學與宗教已提出了許多答案，「輪迴轉生」便是其中之一。這種思想出人意料地貫通東西方，幾乎發生於同一時代。它的起源如何？呈現出那些面貌？果真能解決「生死」問題嗎？這些在本書中都有廣泛而深入的探討。

生與死的雙重變奏

齊格蒙・包曼／著
陳正國／譯

意識到必朽（死亡）與對不朽的追求，深深影響著人類的生命策略。人類社會建制與文化面向的型塑過程中，更存在著「解構」必朽與不朽的辯證和互動關係。而在「現代」和「後現代」社會，這種「解構」又出現了有別於「前現代」的許多變奏。且看包曼教授如何透過集體潛意識的心理分析，從不同角度詮釋「死亡社會學」。在必朽與不朽之間，您將重新認識現代人的社會與文化。

透視死亡

大衛・韓汀／著
孟汶靜／譯

本書所探討的論點，主要有下列幾點：一、在什麼樣的情況下，個體才算死亡？二、末期病人有沒有權利決定自己的生與死？三、器官捐贈能不能得到社會大眾的認同，進而成為一件普遍的事？作者以平鋪直敘的方法，為每一個論點作了總整理，提供讀者許多寶貴的資料與觀念，在臨終與死亡尊嚴等議題的探討上，能有進一步的認識。

看待死亡的心與佛教

田代俊孝／編
郭敏俊／譯

本書由八篇演講記錄構成，內容包括親人死亡的感受、個人的瀕死體驗、對死亡的心理準備、佛教的生死觀等，發表者有僧侶、主婦、文學家、醫師、佛教學者等不同人士，從各個角度探討死亡問題。正如主辦演講的日本「探討生死問題研究會」宗旨所示，如何在老、病、死的人生當中，正視死亡的事實，學習超越死亡的智慧，讓人生更加充實，是現代人的切身課題，值得大家一同來探討。

生命的終結

阿爾芬思・德根
早川一光
寺本松野／著
季羽倭文子
林　雪　婷／譯

在面對末期病患或臨終的人，甚至是自己生命的終結時，我們能做些什麼？該做些什麼？是本書所要探討的主題。四位作者分別從死亡準備教育、醫療與宗教、臨終看護等專業的角度，提供他們寶貴的經驗與意見，是關心此一議題的讀者最佳的參考。透過討論死亡，了解死亡，我們的生命必能更加美好。

從容自在老與死

日野原重明
早川一光
信樂峻麿／著
梯　實圓
長安靜美／譯

隨著高齡化社會逐漸到來，種種老年心理與生活的調適、老年疾病的醫療、安寧照護等等問題，一一浮上檯面，這也是每個家庭和個人都要面對的問題。本書從接受老與死、佛教的老死觀、老年與疾病、末期照護等等角度，提出許多觀念與作法。藉由思考生命末期與老和死的種種課題，期望每一個人都能獲得一種從容自在的智慧與人生。

生與死的關照

村上陽一郎／著
何　月　華／譯

死永遠超越我們人類的「理解」，人類如果不能體認這個事實，醫療便會陷入「器官醫學」的窠臼之中。作者透過對現代醫療種種問題的根本探討，如醫療倫理、醫院內部感染、器官移植、安樂死、腦死、告知權、愛滋病等，重新思考生為何物？死為何物？什麼才是正確的醫療？觀念新穎，析理深刻，是您不可錯過的一部「現代醫療啟示錄」。

超自然經驗與靈魂不滅

卡爾・貝克／著
王靈康／譯

自古以來，人類對來生的想像便不曾中輟。「第六感生死戀」、「穿越陰陽界」等電影的風行，正反映現代人對轉世與投胎的濃厚興趣。但西方的唯物論和科學主義卻斥為迷信，到底孰是孰非？本書即在透過科學化的研究，深入探討死亡過程的異象與靈魂不滅的假設。顯像、附體、前世記憶、臨終體驗等現象是真是假？當生命結束後，人類某些「重要特質」會繼續存在嗎？本書有您想知道的答案。

超越死亡

霍華德・墨菲特／著
方蕙玲／譯

莎士比亞稱死亡為「未被發現的國土」，因為尚無人能像哥倫布發現新大陸一樣，在造訪該地之後回來向世人述說他的經歷。但自莎翁時代以降，有關這項古老秘密的研究工作，已有不一樣的風貌，本書即是其中的佼佼者。作者透過宗教、哲學、神秘主義以及經驗證明等比較觀點來檢視死亡，為我們揭開死後生命世界的奧秘。

生命的安寧

鈴木莊一等／著
徐雪蓉／譯

有別於一般病人，末期病人的醫療與照顧，需要我們投注更多的關懷與付出，才能幫助病人安寧地走完人生。本書六位作者分別站在醫療與宗教的角度，透過親身體驗，以「從初期護理看末期醫療與宗教」、「宗教對醫療之重要性」、「佛教福利與末期護理」、「日本療養院的宗教與醫療」為題，提出他們的看法，值得大家參考。

從癌症體驗的人生觀

田代俊孝／編
徐明達／黃國清／譯

當遭逢周圍親友身故，或曾經體驗死亡經驗時，對人生與事物的看法，將會有所改變，尤其有過癌症體驗的人更是如此。本書即是日本「探討生死問題研究會」以此為主題所收集的八篇演講實錄編輯而成。癌症雖可怕，卻也是生命的一大轉機。「向癌症學習」、「向死亡學習」，這樣的人生經驗，彌足珍貴。

心靈治療

佐佐木宏幹等／著
李玲瑜／譯

面對生死問題，人類的反應模式和其自身的「世界觀」有著密不可分的關係。自古以來，民俗宗教在醫療上所佔的地位，更是舉足經重。但在宗教與醫療各自分工的現代社會，這種現象是否依然存在？民俗宗教與現代醫療如何相輔相成？信仰與精神醫學有何互動關係？新興宗教在現代社會又扮演何種角色？這些在本書中都有深入而廣泛的探討。

死而後生

田代俊孝／編
吳村山／譯

為了充實自我的人生，也為了能與面臨死亡的人同其感受，一起超越死亡的痛苦，深入探討死與生，不是很重要嗎？秉持這個宗旨，日本「探討生死問題研究會」定期舉辦研討會，並將演講內容彙集刊行，本書即其成果之一。正視死亡，才能讓生命更加充實。由生而死，從死看生，正有待我們認真玩味思索。